项目资助

重庆市"十三五"重点学科建设经费资助

教育发展研究丛书 / **彭寿清　冉隆锋**　主编

就学权研究

向帮华　/　著

中国社会科学出版社

图书在版编目(CIP)数据

就学权研究/向帮华著.—北京：中国社会科学出版社，2020.8
（教育发展研究丛书）
ISBN 978-7-5203-5800-2

Ⅰ.①就… Ⅱ.①向… Ⅲ.①流动人口—受教育权—研究—中国 Ⅳ.①D921.04

中国版本图书馆 CIP 数据核字（2019）第 290463 号

出 版 人	赵剑英
责任编辑	赵 丽
责任校对	夏慧萍
责任印制	王 超

出 版	中国社会科学出版社
社 址	北京鼓楼西大街甲 158 号
邮 编	100720
网 址	http://www.csspw.cn
发 行 部	010-84083685
门 市 部	010-84029450
经 销	新华书店及其他书店
印 刷	北京明恒达印务有限公司
装 订	廊坊市广阳区广增装订厂
版 次	2020 年 8 月第 1 版
印 次	2020 年 8 月第 1 次印刷
开 本	710×1000 1/16
印 张	11.75
字 数	165 千字
定 价	68.00 元

凡购买中国社会科学出版社图书，如有质量问题请与本社营销中心联系调换
电话：010-84083683
版权所有 侵权必究

天地之大德曰生。

——《易经》

维护教育的公益性，是我们党和国家面临的重要任务，更是教育必须承担的基本职责。

——张维平

法律的基本意图是让公民尽可能的幸福。

——［古希腊］柏拉图

任何人类历史的第一个前提无疑是有生命的个人的存在。权利永远不能超出社会的经济结构所制约的文化发展。

——［德］马克思

义务就是达到本质，获得肯定的自由。

——［德］黑格尔

最具综合性的权利就是这种自我实现的权利，也被简单的称作自由的权利。学习权更成为民主社会中每一个人最为重要的权利。

——［美］卡尔·J. 弗里德里希

没有救济就没有权利。

——佚名

序　言

陈伯礼[*]

欣闻向帮华博士《就学权研究》一书即将出版，作为他博士后的合作导师，很高兴为该书的出版写几句话。

帮华的博士学位是教育学，专业方向是教育法学。在一个偶然的场合我们相识，他表达了将教育学与法学两大学科结合起来寻找研究课题的强烈愿望。在这一学术志趣的感召下，他来到了重庆大学法学院从事博士后研究工作。我们就"就学权"这一研究课题进行过多次深入交流，我觉得这一课题是中国当下社会生活中面临的实际问题，教育学与法学研究者都应当加以关注并结合实践加以研究，以推进教育法治、教育治理的全面进步。几度寒暑，帮华顺利完成博士后出站报告并通过答辩。

今天呈现在各位读者面前的《就学权研究》包括七个篇章，逻辑清晰，重点突出，分别为就学权缘起、就学权学理及其内涵、随迁子女就学权保障现状、社会转型期义务教育阶段随迁子女就学权治理、就学权保障重要政策法规研读、就学权相关咨政研究、教育之道与教育法之道的中心追求。全书书稿在帮华博士后出站报告基础上，呈现出如下几个特点。

---

[*] 陈伯礼：重庆市政协科教文卫委员会委员，重庆市九三学社教育主委，中国社会科学院法学博士，重庆大学宪法与行政法学学科带头人，教授、博士生导师。

第一，全书研究内容现实价值突出，契合当下追求依法治国背景下依法治教与教育公平主题。中共中央、国务院2019年印发的《中国教育现代化2035》重点部署的面向教育现代化的十大战略任务中的第四大任务中，着重指出：实现基本公共教育服务均等化、推进城乡义务教育均衡发展、进一步推进优质均衡、推进随迁子女入学待遇同城化。

第二，将中国教育实践的实际状况作为研究基础。就学权研究是一个实践性很强的研究课题，要求研究者必须准确把握实践状况，有针对性地进行研究工作。帮华在这方面投入了大量的精力，值得点赞。

第三，提出的对策与建议具有针对性与可行性。课题的实践性决定了作者必须提出解决问题的对策与建议。对策与建议应当突出针对性与可行性。书中解决问题的思路应当说基本达到了这一要求，为主管部门和相关部门、有关地方的就学权实践及教育治理提供了有益的参考。

第四，书中一些提法甚至概念可能在学术上具有一定的争议性。我个人认为应当鼓励学者多方位多角度思考问题，甚至一些看似成熟已有定论的提法，也应当允许学者从另外的角度进行研究。学界应当超越门槛之争，允许并鼓励跨学科研究。

当然，由于客观原因，相关书中有些材料的时效性在出版时或许已经不是最新，又或是中国相关方面就学权权利保障现状可能已经做得更好，作者只是出于尊重其博士后出站报告原貌实际并没有刻意更改，不过这并不影响全书学术观点的表达以及我们对中青年学者帮华博士对学术的积极追求与学理方面不断探究精神的致敬与褒扬。

再次祝贺帮华专著《就学权研究》出版，是为序！

2019年8月28日

目　　录

第一章　就学权缘起 …………………………………………（1）
第一节　研究缘由 ……………………………………………（1）
第二节　研究设计 ……………………………………………（3）
第三节　文献述评 ……………………………………………（6）

第二章　就学权学理及其内涵 ………………………………（9）
第一节　就学权词义探源及其演变 …………………………（9）
第二节　就学权对受教育权、学习权的承接 ………………（11）
第三节　儿童就学权层次 ……………………………………（16）

第三章　随迁子女就学权保障现状 …………………………（30）
第一节　境外就学权保障现状 ………………………………（30）
第二节　大陆就学权保障现状 ………………………………（34）

第四章　社会转型期义务教育阶段随迁子女就学权治理 …（51）
第一节　市民社会理论视野下弱势权利之就学权重塑 ……（53）
第二节　市场与法治：公平视野下就学权治理进路 ………（71）

第五章　就学权保障重要政策法规研读 ……………………（84）
　第一节　公平有质量视野下的国家及省市学前教育政策
　　　　　比较研究 ………………………………………………（84）
　第二节　"让每一个孩子都能有学上"之《中华人民共和国义务
　　　　　教育法》亮点聚焦 ……………………………………（94）

第六章　就学权相关咨政研究 ………………………………（101）
　第一节　受教育权视野下民族地区校园文化建设研究 ………（101）
　第二节　《学校法》立法背景下工读学校现状及对策研究 ……（110）
　第三节　就学权利视野下校长依法治校能力提升专题培训
　　　　　设计案例 ………………………………………………（124）
　第四节　人本理念在大学章程建设中的实施路向探析 ………（128）
　第五节　基于就学权利保障的中国新时代依法治校思考 ……（136）

第七章　教育之道与教育法之道的中心追求 ………………（151）

参考文献 ………………………………………………………（157）

附录　调查问卷及访谈提纲（部分） ………………………（163）

后　记 …………………………………………………………（180）

第一章

就学权缘起

第一节 研究缘由

党的十八大及十八届三中、四中全会相关精神对中国社会、政治等各方面的影响，正推动社会的巨大变革与进步。2014年10月召开的党的十八届四中全会专题研究"依法治国"事宜，对公民的权利保障明确提出方向指导，全会强调：依法保障公民权利，加快完善体现权利公平、机会公平、规则公平的法律制度，保障公民人身权、财产权、基本政治权利等各项权利不受侵犯，保障公民经济、文化、社会等各方面权利得到落实，实现公民权利保障法治化。提高全社会尊重和保障人权意识，健全公民权利救济渠道和方式。依法加强和规范公共服务，完善教育等方面的法律法规。同时还明确指出：坚持依法治国、依法执政、依法行政共同推进，坚持法治国家、法治政府、法治社会一体建设，实现科学立法、严格执法、公正司法、全民守法，促进国家治理体系和治理能力现代化。党的十九大以来，尤其是新时代全国教育大会召开以来，国家在教育精准扶贫及弱势群体教育权利保障方面不断推出利好政策。2019年10月召开的十九届四中全会提出要构建服务全民学习的教育体系；坚持和完善共建共治共享的社会治理制度。可见，公民的权利保障实现法治化已经上升为国家意志，相关成果总结及学理研究显得很有必要。本书基于2012年至2019年相关现状，重点从义务教育阶段流动人员随迁子女就学权保障为研究缘起开展论述。

就学权研究

我们知道，随着中国社会自身的发展转型，在教育领域，中国义务教育阶段流动人员随迁子女学习权的现状，集中体现为这一群体的就学权得不到充分保障，缺乏应有的治理保障配套机制。根据国家卫生和计划生育委员会发布的《中国流动人口发展报告2013》内容：大规模的人口流动迁移是中国工业化、城镇化进程中最显著的人口现象。国家统计局公布的数据显示，2012年中国流动人口数量达2.36亿人，相当于每六个人中有一个是流动人口。报告还指出：从流动人口的总量上看，新生代流动人口已经成为流动人口的主体，流动人口正在经历代际更替。中国第六次人口普查数据显示，仅农民工随迁的流动儿童约1400万人，这意味着每8个城镇儿童就有1个在流动。据估计，未来15年中国将有1.5亿农村人口转移到城镇，仅进城务工人员随迁子女的数量将增至3700万人。同时，和早期的流动人口不同，这个群体不再是短期流动后再返回农村老家，相反，他们更多的是"流"而不"动"，具有长期居住的愿望和倾向。2005年人口普查结果（就）表明，0—5岁的流动儿童中有半数以上在流入地居住的时间等同于他们的年龄，6—14岁的流动儿童有1/3以上在流入地居住的时间超过了6年。由此可见，他们不再只是城市的过客，而是将在城市中长久居住的居民。他们的身心（受教育程度等，本书注）发展状况必将为城市带来巨大的影响，同时，国家、社会、城市等义务主体的行为也必将作用于这一"不可忽视的弱势群体"的良性或负面发展。① 既如此，社会转型背景下作为弱势群体的流动人员随迁子女的受教育权益的保障，核心前提是以入学升学资格及资源机会平等追求为宗旨的就学权利保障相关问题不容回避。

目前对流动人员随迁子女这一群体从宏观角度，即"受教育权的角度"关注的较多，既是一个热点，也是一个解决的难点，但真正切入解决这一热点问题的前提，即"就学权"研究的很少。为此本书重点提出

---

① 刘杨等：《流动儿童社会处境、发展状况及影响机制》，北京大学出版社2013年版，第1—2页。

第一章 就学权缘起

并剖析义务教育阶段流动人员随迁子女就学权,重点关注入学教育机会平等权,核心体现在义务教育阶段或者免费教育阶段流动人员随迁子女的就学(入学)资格权利的获得,进而兼顾学前阶段、中等教育阶段、高等教育阶段相关就学权保障及学理探究。

综上,本书第一至四部分重点就中国大陆流动人员子女义务教育阶段就学权及其保障治理路径进行研究;在第五至七部分重点围绕就学权保障重要政策法规研读、就学权相关咨政研究及教育法学本质角度加以探究。

第二节 研究设计

一 研究对象

以大陆义务教育阶段流动人员随迁子女就学权为主要研究对象,兼顾其他阶段就学权利保障研究对象,主要内容涉及大陆义务教育阶段流动人员子女就学权利学理研究、就学权现状及就学权保障治理等。

二 研究假设

中国义务教育等阶段流动人员子女就学权及其治理可以得到较好实现及完善。

三 核心概念

义务教育:义务教育是指国家统一实施的所有适龄儿童、少年必须接受的教育,是国家必须予以保障的公益性事业。其实质是国家依照法律的规定对适龄儿童和青少年实施的一定年限的强制教育的制度。义务教育又称强制教育和免费义务教育。义务教育具有强制性、公益性、统一性的特点。中国义务教育目前年限为九年,这一规定符合中国的国情,是适当的。

流动人员随迁子女:该概念等同于在城市的"流动学生",其主要指一般意义上的民工子女，即本省、自治区、直辖市民工子女，包括回迁民工子女；外省、自治区、直辖市民工子女等（亦是本书主要研究范围）。同时还包括父母正式工作调动人员子女；户籍为城镇居民且因父母为自由职业者，如律师、自由撰稿人、独立的演员歌手等的子女；外籍人员子女，包括港澳台籍人员子女等。

就学权：详细内容见本书第二章。就学权是受教育主体受教育权的核心权益，也是作为学生学习权实现的前提权利，狭义上指受教育主体入学就读资格的权利（亦是本书主要研究范围的指向内容）；广义上主要包括受教育主体入学、在学及升学权利。

治理：公权部门为实现公共利益而进行的管理活动和管理过程，是公权部门及公共利益主体积极参与的活动过程。其与"统治"相对。详细内容见本书第四章。

四　选点说明

正是基于上述研究需要，本书主要立足西部流动人口集中的中心城市某省市实际，选点北京市、上海市及广东省相关学校及教育主管政府部门；同时兼顾中国北方、中部及南方的相关区域性省会城市及黑龙江、新疆、福建及湖南等相关省区市作为调查选点对象区域。辅以对比参照发达国家及地区，即美国、英国、澳大利亚、日本及中国香港、中国台湾的成功做法，比照与中国类似的南非、印度等国家的现状。

五　主要研究方法

文献法：通过查阅前人研究成果并在此基础上进步。

调查法：本书内容决定了调查法是本书的重要方法，比如通过问卷法、访谈法、田野法等具体的调查研究法加以研究。

比较研究法：广泛搜集比较对象的资料，彻底了解比较对象现状及发展历程，对比较对象的典型特征进行深入而缜密的分析。这是本书主

◈◈◈ 第一章 就学权缘起 ◈◈◈

要的研究方法。

六 技术路线

初期调研—提出研究假设—文献研究—专家咨询—开题论证—现状调查—比较研究—中期反思—理论思辨—成果推广—实践映证—完善研究。

七 研究意义及创新点

（一）研究意义

理论意义：创造性探究就学权学理，在理论上具有较为明显的探索意义和价值。同时运用市民社会理论、内生和谐发展等法学及教育学理论重点研究流动人员子女就学权利，亦彰显了本书的理论意义。

现实意义：以国内相关省市为个案，从教育学与法学的交叉视野重点研究中国义务教育阶段流动人员子女就学权及其保障问题。为此，本书在当下全国贯彻《国家中长期教育改革和发展规划纲要（2010—2020年）》《中国教育现代化2035》和全国统筹城乡教育均衡发展及党的十八大、党的十九大提倡的大力发展城镇化建设的大背景下有重要的现实意义。

（二）创新点

从对象上扩大对流动人员子女范围认识：流动学生不仅包括民工子女，还包括外籍子女、工作调动人员子女等，可以说，随着社会转型，流动群体子女教育问题将会更加突出，尤其是义务教育阶段或者免费教育阶段流动人员子女受教育问题。

从研究内容方面：原来相关研究对流动人员子女家庭及学校教育现状关注较多，而对接受学校教育的前提——享有就学权资格研究关注较少，本书是对相关内容的补充。

第三节　文献述评

一　相关研究

著作研究现状：最具有代表性的是美国学者苏黛瑞的《在中国城市中争取公民权》。该书被公认为是西方学界关于当代中国转型和流动人口最重要的文献，曾获美国列文森中国研究图书奖。该书以生活在中国城市边缘的农民流动者为研究对象。作者揭示了市场、农民流动者以及消退中的国家计划体制之间复杂的动态关系，读者从中可以看到，农民流动者是如何在不利的环境中生存、抗争并催生新的公民权模式的。不过，作者并没有对就学权，甚或是受教育权加以论述。[①] 因此，本书将国外类似情况融入后文相关流动人口随迁子女的现状等部分予以简述。国内代表性的著作有袁振国教授的《中国进城务工农民随迁子女教育研究》，该书2010年由教育科学出版社出版，书中就中国进城务工农民随迁子女教育情况做了较为全面的研究。

学术期刊论文研究现状：以钰萍、崔晓文、秦金亮等发表在《幼儿教育（教育科学）》2011年第7—8期的《优势家庭流动教育支持系统的个案研究》为代表。本文就优势家庭的子女流动教育支持相关系统提出了相关看法。另外《中国青年》2011年第21期《该去哪里读书》一文作者欧阳洁提出一个观点：那些愿意开办民工子弟校的，政府应该给一个合法的办学身份。只要相应条件符合，就应该积极扶持让之符合。还有比如余凌、罗国芬在《青年与探索》2003年第5期《谁对青年流动人口的下一代负责——兼谈"流动人口子女教育问题"》一文中也提出了类似的看法。2004年9月6日，雷万鹏在《中国教育报》撰文《"流动儿童"挑战城市义务教育——武汉市进城务工农民子女义务教育调查》，

---

① ［美］苏黛瑞：《在中国城市中争取公民权》，王春光等译，浙江人民出版社2009年版，扉页。

第一章　就学权缘起

就流动儿童的义务教育问题提出了自己的忧思。

课题研究现状：相关代表性的课题主要有浙江师范大学杭州幼儿师范学院院长秦金亮领衔的2011国家社科基金教育学重大招标课题——"保障适龄儿童接受基本而有质量的学前教育政策和机制研究"，该项目产生了一批研究成果；温州大学黄兆信副研究员等主持的全国教育科学"十一五"规划教育部规划课题"流动人口子女教育社会支持研究"；江苏省常州市雕庄中学居莉萍主持的国家社科基金"十二五"规划2011年度教育学一般课题"民工子女城市学校生活的适应性研究"；另外就是中央教科所2008年度科研业务费专项资金项目——袁振国教授领衔的"中国进城务工农民随迁子女教育研究"，该项目已经结题。武汉市七十一中学数学教研组组长吴仁学历时四年主持完成了名为《关于农民工子女学习问题》的课题。

学位论文研究：相关代表性的学位论文主要以西南大学的陈恩伦2003年的博士学位论文《论学习权》为代表。

国家、地方政府部门及较有影响组织的政策法规关注及研究：近年，教育部就推进义务教育均衡发展连续出台相关意见；相关省市，比如重庆市人民政府办公厅2008年3月20日发布《关于进一步做好进城农民工子女农村留守儿童接受义务教育工作》（渝委办发〔2008〕12号）、2011年5月18日专门印发《2011年全市未成年人保护工作要点》（渝办发〔2011〕147号）等系列文件；这方面主要值得关注的组织成果是"流动儿童学前教育发展论坛""全国民工子女教育研讨会""中国陶行知研究会农民工子女教育专业委员会"相关年会论坛研究材料。

二　存在的问题

应该说目前国内外学界及政府部门，包括社会团体组织已经越来越关注流动人员子女就学权相关事宜。相关研究为本书打下了良好的基础。基于本书的角度，相关研究存在相应的不足，具体如下。

对流动人员子女教育问题思考较多，但对义务教育阶段或者免费教育阶段流动人员子女受教育现状思考较少，也不够系统深入。

对农民工流动人员子女相应教育现状研究较多，但对其他流动群体子女关注较少。可以说，随着社会转型，流动群体子女教育问题将会更加突出，尤其是义务教育阶段或者免费教育阶段流动人员随迁子女受教育问题日益凸显。

相关研究对流动人员随迁子女就学权保障方面关注的较少，对流动人员随迁子女就学权治理路径研究的就更少。这也赋予了笔者深入研究的信心和拓展的空间。

第二章

就学权学理及其内涵

第一节 就学权词义探源及其演变

一 就学权词源义

"就学"一词在《古代汉语字典》中释义为：字源"就"是会意字，由表示高丘的"京"字和表示不同寻常的"尤"字两部分组成。"就"的本义是到地势高的地方居住。[①]"就学"词条中"就"在《辞海》中释义为：归；趋[②]；有"就学"词条无释义。《辞源》存词条"就学"，释义为"从师学习"。[③] 以上三部权威释义辞典对"就学"的解释一致。可见，按照中国汉字释义，"就学"从词源释义可以理解为拥有获取更高的学习机会及资格从而进入高一级学校。"就学权"从词源释义应该是"拥有获取更高的学习机会及资格从而进入高一级学校学习的权利"。

二 就学权概念演变

劳凯声在其1991年博士学位论文《教育立法的实践、理论与问题》的第三章（教育法与受教育权利的保障）第二节（调整教育关系的基本原则）第一次提出了"就学权利平等"[④]（也是目前可查的第一次提出类

[①] 《古代汉语字典》，商务印书馆2005年版，第401页。
[②] 《辞海》，上海辞书出版社2000年版，第439页。
[③] 《辞源》，商务印书馆1988年版，第487页。
[④] 劳凯声：《教育立法的实践、理论与问题》，博士学位论文，北京师范大学，1991年。

似概念的学者);同样的内容见于以劳凯声博士学位论文为基础并于1993年出版的著作《教育法论》中的"就学权利平等",这是指不管来自任何社会阶层、地区、家庭,也不管性别、种族、宗教、政治信仰如何,都有上学的权利。① 该概念与教育条件平等、教育效果平等并列。这是笔者查询到的新中国成立以来关于"就学权"三字的相关学者研究的最早出处。

从政府部门,亦即官方而言,笔者认为1992年3月14日发布的《中华人民共和国义务教育法实施细则》(中华人民共和国国家教育委员会令第19号文件)第三章(范围包括第十一条至第十八条)用"就学"为名提出此概念。笔者认为这是官方第一次提出"就学"概念。

关于"就学权"这一概念,熊文钊在其2004年论文《试论受教育权及其内涵》中也曾提及,看到了就学资格的重要性。他指出:受教育权的发展历程清楚地表明,受教育权是从一种自然权利演化成为一种法定权利,从一种不平等的特权发展成为普遍的人权,其内涵和范围十分丰富,概括起来,主要包括:就学权利平等(即不论阶层、地域、家庭、性别、种族、宗教、政治信仰如何,公民都享有上学受教育的权利);教育机会平等(即在法定的受教育阶段,不仅要求人人有学上,而且在受教育年限、学校类型和课程内容方面应体现机会均等,不受歧视);教育效果平等。②

芦琦在2008年提出受教育权利实现,也即受教育权的实现,从字面理解,可以看作法律所规定的社会成员的受教育权利转化为现实的可享用的权利,如就学权、平等受教育权等。从受教育权的权利形态看,这种"实现"属于由法定权利向实在权利的转变,在个别情况下,也可包括由应然权利向法定权利或实在权利的转变。③ 这是笔者发现的第一次

---

① 劳凯声:《教育法论》,江苏教育出版社1993年版,第105页。
② 熊文钊:《试论受教育权及其内涵》,载郑贤君《公民受教育权的法律保护》,人民法院出版社2004年版,第52页。
③ 芦琦:《古代受教育资格与权利实现的考察与比较》,法律出版社2008年版,第21页。

第二章 就学权学理及其内涵

直接提及"就学权"概念的出处。虽然作者看到了问题，但是简要带过，没有详述。

第二节 就学权对受教育权、学习权的承接

要释义"就学权"，首先我们得明白"受教育权"与"学习权"的概念并明了其与"受教育权"和"学习权"的关系。

一 以"机会与资格"为核心的受教育权

如前所述，就学权是受教育权的前提权利。无论在实践中还是在理论方面，"受教育权"都是一个较为模糊的概念。自20世纪50年代以来，由于国际社会对基本人权和自由的普遍关注和尊重，大多数国家的宪法都确认了公民受教育的基本权利。受教育权也随之成为法学界和教育学界研究的热点问题，因而国内外学者从不同的角度和层面提出了关于受教育权的概念。

学理上，以文化权利界定受教育权，强调的是公民在宪法上所享有的权利，本书认为受教育权利是社会、经济、文化教育权利的重要组成部分，属于公民的基本权利；按照宪法和法律的规定，公民受教育权利的基本内容包括按照能力受教育的权利，享受教育机会的平等权利，受教育权通过不同阶段和不同形式得到实现。而实际意义上的受教育权，则强调国家之于公民受教育权所承担的义务。为此，基于本书的出发点，笔者认为受教育权是公民为保障自己的合法正当利益而应该享受国家按照宪法和法律的规定之于公民受教育权所承担义务的资格及权利，属于社会权的一种。当然，基于流动儿童义务教育阶段的受教育权既是权利，也是义务，这种权利是"不自由"的。依据《中华人民共和国教育法》的规定，受教育权的内容主要包括受教育机会平等权、享有教育资源权、获得物质保障权、获得公正评价权、获得学业证书及学位证书权、享有教育申诉与诉讼权等。

就学权研究

笔者赞同龚向和关于"受教育权"的观点：受教育权是指公民依法享有的要求国家积极提供均等的受教育条件和机会，通过学习来发展其个性、才智和身心能力，以获得平等的生存和发展机会的基本权利。受教育权最根本的属性是学习权；受教育权的根本目的是发展人的个性、才智和身心能力，获得平等的生存和发展机会；主体是所有公民；义务相对人是国家；主要途径是国家积极提供均等的受教育条件和机会；法律依据是宪法和法律。

受教育权的体系依据产生、发展的时间顺序，可以将受教育权划分为三个阶段的"子权利"，即开始阶段的"学习机会权"、过程阶段的"学习条件权"和结束阶段的"学习成功权"。学习机会权根据其表现形式又可以派生出三种"孙权利"：入学升学机会权、受教育权和学生身份权。这类权利因国家在保障义务教育和非义务教育中的不同义务和责任而有所不同，其主要区别是所有权利主体接受义务教育的学习机会权实质平等，而接受非义务教育的学习机会权只是依个人能力、成绩相互竞争的形式平等。入学升学机会权是学习机会权的重要表现形式或实现方式。为保证公民获得平等的生存和发展机会，政府应该更进一步承担起义务教育责任，使人人平等享有的入学升学机会权从应有人权、法定人权尽快转变为实有人权。

受教育权本质的复杂性决定了其具有三代人权的特点，但受教育权首先是第二代人权即社会权或生存权，自由权或第一代人权的法律保障程度与方式和第二代人权或社会权又存在着极大差别。[1] 总之，受教育权是基于人的生物性特征和社会性特征的一种权利，他以受教育为其存在的依据，以自然权利理论赋予其权利内涵，以人权理论演变丰富其外在规定性。[2]

权利与其被视作要求还不如被看作资格。作为公民的基本权利，受

---

[1] 龚向和：《受教育权论》，中国人民公安大学出版社2004年版，第29—41页。
[2] 龙洋：《中国教育法学理论体系研究》，博士学位论文，西南大学，2011年。

第二章 就学权学理及其内涵

教育权首先意味着资格,而不是要求或权利。资格却告诉我们,权利来源于资格而不是来源于要求他人作为或不作为。受教育资格权虽然是一种抽象的权利,但它是任何具体受教育法律权利和资格的前提,例如,入学的资格。学习资格的机会平等是指公民平等获得成为某一学校或教育机构注册学生之资格,而教育资源的机会平等是指学生有机会平等获得、利用教育财政投入、教师、课程内容、教学设施教学资源。前者是学习的起始阶段,是获得平等资源的前提。当然,受教育机会平等最终归结于公民对国家财政投入的平等享用和利用。可以说,教育资源决定了人们平等教育机会实现的可能性、广度和深度。所以,受教育机会平等核心在于受教育资源的平等获得或利用。①

二 以"主体地位"为核心的学习权

随着学习化社会的到来,人们在受教育权研究问题上又更进一步,即从受教育权走向学习权。关于"学习权"的阐述,除了前述龚向和的三个"学习子权利"观点,主要观点还有以下几个。

其一,劳凯声指出,学习权是一种要求完善和发展人格的权利,立足个人与生俱来的、要求通过学习来发展和完善人格的权利。② 可见,学习权一改受教育权的主体被动接受教育变为个体积极主动获取及享受教育权利时的主动性与自由性。这一概念的提出是对受教育权利的重大发展和突破,被认为是当今教育法学理论的主要成果。可见,受教育权以及当下的学习权是中国法律赋予每个公民的权利,也是联合国相关规章明确保护的。

其二,胡锦锦指出,当今公民受教育权的发展趋势主要有受教育权向追求学习权发展、受教育权向保障弱势群体受教育的发展。学习权是

---

① 王柱国:《学习自由与参与平等:受教育权的理论和实践》,中国民主法治出版社2009年版,第104—105页。

② 劳凯声:《变革社会中的教育权与受教育权:教育法学基本问题研究》,教育科学出版社2003年版,第232页。

基于当代社会对受教育权的新认识而对受教育权的一种新表述，其意义在于最大限度地保证受教育权主体的利益。学习权的提出，在世界教育思想发展历程中具有里程碑的意义，它是人们在教育观念，尤其是在受教育权问题上的一次根本飞跃。简单地说，学习权是一种要求发展和完善人格的权利。从教育理论上讲，学习权强调了受教育者在教育过程中的主体地位；从法学理论上讲，学习权强调了受教育权利主体在享受受教育权时的主动性和自由性。学习权提出的原因有二：一是由于承认个体在社会中的主体地位，人们发现，为确保儿童的教育权益，必须发现从"受教育权"向学习权的转变；二是从人对学习的内在需要来看……显然学习权是实现这种渴望的权利。同时，20世纪90年代以来，社会弱势群体的受教育权利保护成为国际社会关注的重要问题之一，国际社会在全球范围内提出的"全民教育"，"全纳性学校教育"等便是佐证。在这方面，中国作出了法律规定，依法保护弱势群体的受教育权，为促进教育公平做出了重要努力。其中就明确提出包含对流动人口子女受教育权的法律保障。[1]

其三，陈恩伦将学习权翻译为：learning right，受教育权翻译为reception education right。[2] 倪洪涛指出：20世纪80年代，以"学习权"理论的全面提出为契机，人们开始对"受教育权"理论进行整体的盘点、反思与批判，并最终促成了教育理念从"受教育权"（the right to education）到"学习权"（the right to learn）的实质性理论的飞跃与升华，当然，从某种意义上讲，这亦是教育理念和自由价值的历史性回归。[3]

三 以"社会和谐权利"为旨归的就学权

正因如此，我们可以说前述关于"学习权"的论述观点其实亦契合

---

[1] 胡锦锦：《公民受教育权的理论初探》，载李晓燕、刘欣主编《教育法律政策的理论与实践》，华中师范大学出版社2012年版，第98—100页。
[2] 陈恩伦：《论学习权》，博士学位论文，西南师范大学，2003年。
[3] 倪洪涛：《大学生学习权及其救济研究》，法律出版社2010年版，第55页。

第二章 就学权学理及其内涵

了教育的本质。受教育权是一种复合权利,学习权是其本质属性之一,就学权是其具体实现权利之一,首先是资格的机会平等,然后才是资源的机会平等,因为资源平等不一定资格平等。

所以,本书提出并强调"就学权"。这一概念很好地把受教育权具体化。学生身份权(学籍权)是当前人们关注得比较多的资格权利。由于这种资格的限制非常严重,它使得个体在实现其合理人身计划、追求自我发展的过程中受到严重挫折。不过要指出的是,义务教育阶段,学生的这些资格不能被剥夺。

本书认为就学权的处理得当与否就是社会和谐权利的人权价值的彰显,也可以说是在第三代人权或发展权即学习权基础上派生出的更具体的实际权利的细化。义务教育阶段流动儿童随迁子女就学权利是其获取基础教育的资格权利和义务,或许是最接近于国民公民权的普遍实现(因为这是政府运用自己的权威去保障的一项权益,也是要求有适龄儿童的父母去履行的法定义务)的最简单、层次要求最低的权利。[①]

如前所述,就学权利既彰显了受教育权的本质内涵,又将学习权强调的"主动性"内涵在现实中找到落脚点,从而"联通"受教育权与学习权。自此,我们可以给就学权下一明确定义:就学权,又称入学升学权,是指学生只要符合国家规定和学校依法确定的招生条件,不分民族、种族、性别、职业、财产状况、宗教信仰等,享有平等的入学升学资格及资源并接受教育的权利;狭义上指受教育主体入学就读资格的权利(亦是本书主要研究范围的指向内容),广义上主要包括受教育主体入学、在学及升学权利;是一种宪法权利,既是一项公法权利,也是一项私法权利;是受教育主体的主动主张受教育权的核心权益,也是作为学生学习权实现的前提权利,是学习权实现的首要和最重要的前提;在本质上是请求权(要求国家为受教育者主体提供接受教育所必需的学习场

---

① [美]苏黛瑞:《在中国城市中争取公民权》,王春光等译,浙江人民出版社2009年版,第295页。

所、设施、师资等，在义务教育阶段，其所对应的义务主体是国家）；就学权是继自由权、生存权、发展权等之后的以"社会和谐权利"为旨归的人权价值的有力体现。

当然，就学权尤其是义务教育阶段的流动人员随迁子女就学权于国家而言是一项义务责任的公法权利，于个体而言也是一项义务责任及权益主张的私法权利。同时本书明确提出的就学权利可以从操作层面进一步唤醒大家的实有人权意识。本书明确提出就学权，是促进受教育权、学习权之后提出的一个概念，这样可以更加明晰相关权益主体及客体的权利边界、责任并更好保障受益主体学生的就学权益。

第三节 儿童就学权层次

一 作为人权的就学权

就学权是一项人权。按照人权代际理论观点，从就学权的来源看，就学权属于第一代人权之自由权的范畴，是一种应然的自然权利，即人之为人应该享有的权利。因此，在世界范围内有关人权的国际公约对受教育权的规定都应该遵守。《世界人权宣言》（1948年）、《联合国儿童权利宣言》（1959年）、《联合国儿童权利公约》（1989年）对受教育权的规定，自然是我们必须遵守的，也是世界各国具体规定受教育权（就学权利）内容的基本依据。《世界人权宣言》第二条规定："人人有资格享有本宣言所载的一切权利和自由，不分种族、肤色、性别、语言、宗教、政治或其他见解、国籍或社会出身、财产、出生或其他身份等任何区别。"第二十六条规定："人人都有受教育的权利，教育应当免费，至少在初级和基本阶段应如此。初级教育应属义务性质。教育的目的在于充分发展人的个性并加强对人权和基本自由的尊重。教育应促进各国、各种族或各宗教集团间的了解、容忍和友谊，并应促进联合国维护和平的各项活动。父母对其子女所受的教育的种类，有优先选择的权利。"《儿童权利宣言》第一条规定："儿童拥有本宣言列举的一切权利。所有

第二章 就学权学理及其内涵

儿童，没有任何例外，不能因自己或家族的种族、肤色、性别、语言、宗教、政治或其他理念、国籍、出身、财富，或其他身份的不同而有所差别。一律享有本宣言所揭示的一切权利。"第七条规定："儿童有受教育的权利，至少在初等教育阶段应该是免费的、义务的。提供儿童接受教育应该是基于其教养与教育机会均等为原则，使儿童的能力、判断力以及道德的与社会的责任感获得发展，成为社会有用的一员。负有辅导、教育儿童的责任的人，必须以儿童的最佳利益为其辅导原则。其中儿童的父母是最重要的责任者。儿童有权利获得充分的游戏和娱乐活动的机会。而游戏和娱乐活动必须以具有教育目的为原则。社会及政府机关必须努力促进儿童享有这些权利。"《儿童权利公约》要求："缔约国确认儿童有受教育的权利"。

从三个国际法律对受教育权的揭示来看，受教育权首先是人的应有权利，人权是权利的一般形式，其次是法定权利。人人生而平等，对就学权利的保障就是对平等权益的彰显。这种权利也不会因法律的存在而存在，不会因法律的消失而消失。但在不同的历史阶段需要将受教育权以法律的形式确定下来，用法律保证人已经具有和应当具有的平等教育权利，使权利主体的应有权利与法定权利在就学权上达到统一。作为流动人员随迁子女（尤其是义务教育阶段子女）有权与父母居住在一起，即应该享有同住权和迁徙自由权利。既如此，其就学权从法理上（法定权利）和应有权利角度均应该予以良好保障。

众所周知，作为流动儿童随迁子女，首先作为主体的存在之前提是其"人"这一主体的存在，"流动儿童随迁子女"这一限定词汇只是强调了其一种特殊的身份。《中华人民共和国宪法》（1982年通过，2018年修正，以下简称《宪法》）在第二章"公民的基本权利和义务"之第三十三条规定：凡具有中华人民共和国国籍的人都是中华人民共和国公民。国家尊重和保障人权。

夏勇认为：人权如果泛指人的权利，则是与动物的权利相对应的。人权一词，依其本意，是指每个人都享有或应该享有的权利。是人人的权利。这包括两层意思：第一层指权利，即某某权利；第二层指观念或原则，即每个人都享有或都应该享有权利。前者是我们通常所说的法学意义上的权利，他由各种各样的权利构成。后者是关于人的一些原则，它由若干关于人及人类社会应该怎样对待人、尊重人的判断、命题或原则构成，可简称为"人道"。所以，一般来说，人权概念是由权利和人道这两个概念构成的，他是这两者的融合。人权学说当然离不开权利学和人学这两门学问。① 既如此，我们当然可以说，就学权利是一项人权。只有这样，我们更能明确意识到尊重人的就学权就是尊重人的尊严与价值。作为一项"人权"的义务教育阶段的就学权，当然应该无条件的尊重并保护。既是对其作为法学意义上的具体权利的就学资格权益的主张，更是对其作为关于人的一些原则之"人道"尊严价值权益的彰显。

人权的道德要求是内发的、内在的，那么，就只能以内求的方式来研究、来实现。所谓"内求"，就是要从本国的实际出发，从现存的社会制度、意识形态、文化传统、法律规范以及社会物质生活条件中探究人权的内发根据和基本原理。②

值得强调的是孕育人权成为国际性的保障，主要是在 20 世纪后半叶日益显著。21 世纪则是令人更期待人权国际化的世纪。经过第一次世界大战与第二次世界大战，自由与人权拥护的人权保障逐渐成为国际社会的议题。1945 年的《联合国宪章》，以及 1948 年的《世界人权宣言》相继出现。甚至 20 世纪 60 年代以后，通过具有划时代、里程碑意义的《国际人权公约》，即 1966 年表决通过的《经济社会与文化国际公约》与《公民与政治权利国际公约》；还有以上述人权公约为基础，联合国制定 1965 年的人种歧视废除条约，1979 年的妇女歧视废除条约与 1989 年的《儿童权利公约》等国际性人权条约。③

当然，本书认为就学权既然属于人权，也应该根据中国实际出发寻

---

① 夏勇：《人权概念起源——权利的历史哲学》，中国政法大学出版社 2001 年版，导言。
② 同上书，第 246 页。
③ 周宗宪等：《宪法与人权》，台北元照出版公司 2009 年版，序。

求解决的办法。不应该一味照搬西方的做法,应该探寻一条适合中国国情的特色就学权利保障之路。更何况作为培养学生的教育相关主体,如学校、教育主管部门,甚或家长亦应该从教育发展培养和谐的人的角度,发扬自由与平等的教育本质精神。

二 作为宪法权利的就学权

从一个国家而言,宪法是根本大法,是制定其他法的法源。作为受教育权的核心主张权利之就学权,要明白其宪法权利的内涵还是得从受教育权的宪法内涵入手。受教育权作为基本权利第一次载入宪法最早见于1791年《法国宪法》。[①] 但1936年《苏联宪法》所规定的受教育权是一种社会意义的受教育权。所以,我们认定,将受教育权确认为公民的一项基本权利应该始于《苏联宪法》(1936年)。该宪法第121条明确规定:苏联公民有受教育的权利。这种权利的保证是:在教育和生活、生产相连的基础上实行八年制普及义务教育。[②]

受教育权只有转化为法律规定,才能成为法律权利。[③]《中华人民共和国宪法》(1982年通过,2018年修正)第二章第四十六条规定:中华人民共和国公民有受教育的权利和义务。国家培养青年、少年、儿童在品德、智力、体质等方面全面发展。可见,就学权属于宪法及教育法规定范畴。如前所述,《宪法》第三十三条还规定:"凡具有中华人民共和国国籍的人都是中华人民共和国公民。中华人民共和国公民在法律面前一律平等。国家尊重和保障人权。任何公民享有宪法和法律规定的权利,同时必须履行宪法和法律规定的义务。"这是制定其他法律、规范受教育权的依据。任何关于受教育权的法律规定都不得与宪法中的规定相违背,如果违背则不具有法律效力。《中华人民共和国教育法》(以下简称

[①] 王柱国:《学习自由与参与平等:受教育权的理论和实践》,中国民主法治出版社2009年版,第1页。
[②] 温辉:《受教育权入宪研究》,北京大学出版社2005年版,第80页。
[③] 孙霄兵:《教育法制建设新实践》,高等教育出版社2012年版,第9页。

《教育法》)第九条第 2 款规定:"公民不分民族、种族、性别、职业、财产状况、宗教信仰等,依法享有平等的受教育机会。"第三十六条第 1 款规定:"受教育者在入学、升学、就业等方面依法享有平等权利。"《教育法》中的规定是保障公民(包括中小学生)入学受教育权的基本法律依据。作为受教育者的中小学生,在入学方面享有平等的权利。依据《中华人民共和国义务教育法》(1986 年通过,2018 年修正)(以下简称《义务教育法》)第五条的规定:"凡年满六周岁的儿童,不分性别、民族、种族,应当入学接受规定年限的义务教育。"符合规定年龄的儿童都有入学接受规定年限义务教育的权利。国家、社会、学校和家庭都应依法保障适龄儿童、少年接受义务教育的权利。在入学升学方面,每一个符合规定条件的学生都有权利、也有机会通过公平、客观、合理的考试竞争升入高一级的学校或其他教育机构继续接受教育,从而发展自己的权利。作为流动人员随迁子女的就学权利自然应当受到中国宪法及相关教育法规的保障,这亦体现了人权代际学说的第二代或第三代的发展权利,同时彰显了就学权利的法定权利和实然权利之法律本质特征。

受教育权在中国宪法制度上得到体现最早可以追溯到 1922 年湖南省政府公布的湖南省宪法。[①]

党的十八届四中全会公报明确指出:坚定不移走中国特色社会主义法治道路,坚决维护宪法法律权威,依法维护人民权益、维护社会公平正义、维护国家安全稳定,为实现"两个一百年"奋斗目标、实现中华民族伟大复兴的中国梦提供有力法治保障。坚持依法治国首先要坚持依宪治国,坚持依法执政首先要坚持依宪执政。可见,作为一种受教育权利的前提权利之就学权,在义务教育阶段,国家在义务教育阶段对相关权利主体负有首要责任。这是对就学权作为一项宪法权利的责任与义务。

在民主观念已经深入人心的现代社会,保护少数派尤其是易受歧视

---

① 熊文钊:《少数民族受教育权保护研究》,中央民族大学出版社 2010 年版,第 118—119 页。

第二章 就学权学理及其内涵

的弱势群体,应当成为现代宪法与人权保障的主流,这种发展可以说是个体主义意识形态与集体主义意识形态之间的对立造成的,或许可以将之称为弱势主义的人权保障观。不过值得强调的是在现代宪法当中,受到质疑的公共权力除了传统的行政权力之外,代议机构的立法者成为新的被"怀疑"的对象——因为代议机构的活动原则就是多数决定主义,他们常常倾向于追求那些反映多数派利益的决定。[1] 所以,这也提醒我们在保障弱势群体权益时,应该听取权益人主体的呼声。

三 作为民事权利的就学权

就学权利作为一项公民权利(包含法律权力、政治权利、民法权利和参与权利等),其在民法领域里包括人身权利和财产权利两方面。人身权包括人格权和身份权。中国民法规定的人格权包括生命权、身体权、健康权、姓名权或名称权、肖像权、名誉权、隐私权、荣誉权。身份权包括亲权(父母基于其身份对未成年子女人身、财产方面的管教和保护的权利)、亲属权(父母与成年子女、祖父母与孙子女、外祖父母与外孙子女、兄弟姐妹间的身份权)、配偶权等。

法以市民社会中的财产关系和人身关系为其调整对象。市民社会之关系乃平等主体之关系,人们缔结市民社会之财产关系与人身关系乃为获得积极的经济利益与人格利益,而这种利益之法律化便是权利。所以民法调整的权利关系是以权利为出发点和归宿。市民社会中人身关系之谓者,非以经济或财产利益为目的,而以人格与身份利益为目的,并以人格权与身份权为内容之社会关系也,合称人身权制度。身份利益是身份权的客体,身份权包括亲权、配偶权、监护权、继承权等。[2]

身份权之亲权,是指父母对未成年子女在人身或财产方面抚育管教和保护的权利与义务。包括保护教养权、住所决定权(指父母对未成年

---

[1] 焦洪昌:《宪法》,北京大学出版社2012年版,第6—7页。
[2] 刘凯湘:《民法学》,中国法制出版社2004年版,第3—7页。

子女的住所享有决定权）。子女不得随意离开父母指定的住所。一般来说，子女应该与父母居住在一起，这时为了保证未成年子女的安全。①《中华人民共和国预防未成年人犯罪法》（1999年通过，2012年修正）明确赋予了父母及监护人（包括离异父母、继父母、养父母等）的住所决定权并不得放弃，具体如下：

第十九条　未成年人的父母或者其他监护人，不得让不满十六周岁的未成年人脱离监护单独居住。

第二十条　未成年人的父母或者其他监护人对未成年人不得放任不管，不得迫使其离家出走，放弃监护职责。

未成年人离家出走的，其父母或者其他监护人应当及时查找，或者向公安机关请求帮助。

第二十一条　未成年人的父母离异的，离异双方对子女都有教育的义务，任何一方都不得因离异而不履行教育子女的义务。

第二十二条　继父母、养父母对受其抚养教育的未成年继子女、养子女应当履行本法规定的父母对未成年子女在预防犯罪方面的职责。

自然人的人格权包括生命权、健康权、自由权、名誉权、隐私权、姓名权、肖像权等，其中尤以体现人格尊严价值的名誉权和体现自由意志价值的自由权为重。人格尊严权是指自然人作为平等的人的资格和权利应当受到承认和尊重的权利。② 1948年的《世界人权宣言》明确强调"父母拥有为其子女选择所接受教育方面的权利"；1959年的《联合国儿童权利宣言》再次强调了这一宗旨。

既如此，义务教育阶段的流动人员随迁子女就学权利的保障就体现

---

① 刘凯湘：《民法学》，中国法制出版社2004年版，第231页。
② 同上书，第81页。

第二章 就学权学理及其内涵

了其亲权、监护权、人格尊严权及自由权的尊重与保护，否则就是剥夺其父母或子女间相应民法权利（至少剥夺了流动人员随迁子女的迁徙自由权和与父母等监护人同住权），这可以是保障的相关内容，可以以民法控告行政机关不作为。可见，除了宪法保障、教育法可以保障，行政法与民法也可以保障其作为民事权利的就学权利。

四 作为受教育权的就学权

正如前文所述，就学权利作为一项公民权利，其在社会层面的映射便是社会权利。社会权利是指公民维持其社会存在的基本权利，有的学者又将其称为生存权或受益权利。我们知道，社会权又称生存权或受益权，它是指公民从社会获得基本生活条件的权利，主要包括经济权，受教育权和环境权三类。社会权概念有两层含义，一是公民有依法从社会获得其基本生活条件的权利；二是在这些条件不具备的情况下，公民有依法向国家要求提供这些生活条件的权利。与自由权、人身权等权利不同，社会权的实现更依赖于国家的积极作为。由于公民在实现这一权利时不仅需要及时排除非法侵害，而且有权要求国家提供其实现的条件，这就否定了在公民权利实现过程中的国家绝对不干涉主义。

"受教育权"这一概念人人皆知，但是在权益主体实现过程中，其操作性和实现程度不好把握。为此，这也是笔者所主张的主体能够明显践行并探求的"就学权"概念的一个主要原因。

作为受教育权利的前提权利，就学权当然本身就是一项受教育权。流动人口随迁子女受教育权的实质是迁徙公民平等受教育权。我们不应该让宪法成了一部"闲法"，甚至出现"宪法是软法"，"民法、刑法是硬法"和"不怕违宪，就怕违法"等错误认识。法律规范的缺失是造成流动人口子女产生受教育权问题的根本原因。在当下制定的流动人口随迁子女教育法律不够成熟的前提下，由国务院就流动人口子女受教育权问题专门制定一项行政法规，称其《流动人口子女受教育办法》是比较适宜的。① 关于就学权与受教育权的关系在前述内容已有阐述，在此不再赘述。也正因此，我们说公民的就学权是公民的社会权利之受教育权利的前提权利。

五 立足儿童本身的就学权

就学权向保障弱势群体受教育发展是当今教育法律界的大势所趋。对于儿童的保护本就是人类应尽之职责，不应该区分国籍与性别等差异，更何况是对义务教育阶段的弱势群体的流动人员随迁子女的保护。

就学权对于每个人来说应当是平等的。然而，受教育权利的平等性在现实中，却常常遇到障碍，特别是对于那些由于经济、社会、文化、生理和心理等方面原因处于不利地位的弱势群体来说，更需要特殊的援助与保障。近年，中国关于受教育权利的研究重心逐渐转向对弱势群体（特别是以流动人员随迁子女等为主要研究对象）的就学权利的实现关注中来。

1996 年 4 月，在国际 21 世纪教育委员会向联合国教科文组织提交的《教育——财富蕴藏其中》报告中指出："一般来说，机会均等原则对所有致力于逐步确立终身教育各个方面的人来说是一项主要标准。这一原则符合民主的要求，因此它正式体现在灵活的教育方法中是正确的。通过这些方法，可以说社会从一开始就担保在每个人的一生中为其提供均等的就学和随后培训的机会，不管他受教育的道路是多么迂回曲折。"另外一份报告《学会生存——教育世界的今天和明天》还指出："同公平合理完全相反，那些最没有社会地位的人们往往享受不到普遍受教育的权利——在这方面现在文明过早的引以为荣了。在一个贫穷的社会里，他们是首先被剥夺权利的人；而在一个富裕的社会里，他们是唯一被剥夺权利的人。"基于对受教育权的深刻认识，该报告强调："不管教育有

---

① 张慧洁等：《二战以来各国迁徙人口教育保护政策研究——兼论流动人口及子女受教育权的法学问题》，吉林大学出版社 2011 年版，第 109 页。

第二章 就学权学理及其内涵

无力量减少它自己领域内个人之间和团体之间这种不平等的现象,但是,如果要在这方面取得进步,它就必须事先采取一种坚定的政策,纠正教育资源和力量上分配不公平的状况。"

以美国为例,在美国,一般来说,法院认为,公立学校有义务教育那些有正当理由居住在学区之内的适龄儿童,包括与家长或法定监护人一起居住在学区之内的儿童、依法不再受父母约束的未成年人或与其父母分开并独立生活的成年学生。即使家长以不合法的途径进入美国,只要其子女居住在学区内,学区就不应该阻碍这部分儿童接受免费的公立教育。①

在这方面,中国相关政策法规已经做出了法律规定,依法保障弱势群体的受教育权。流动人口子女受教育权的保障是中国改革开放过程中出现的新情况、新问题。中国从原国家教委和公安部于1998年联合下发的《流动儿童少年就学暂行办法》到2012年的异地高考新政等相关政策法规为保障流动人口子女受教育权提供了方便和法律依据,并对保障《义务教育法》的实施和提高全民素质提供了条件。

《中华人民共和国未成年人保护法》(1991年通过,2012年修正)在家庭保护、学校保护、社会保护及司法保护等方面均做出了明确规定:

第二条 本法所称未成年人是指未满十八周岁的公民。

第三条 未成年人享有生存权、发展权、受保护权、参与权等权利,国家根据未成年人身心发展特点给予特殊、优先保护,保障未成年人的合法权益不受侵犯。未成年人享有受教育权,国家、社会、学校和家庭尊重和保障未成年人的受教育权。未成年人不分性别、民族、种族、家庭财产状况、宗教信仰等,依法平等地享有权利。

---

① [美] 坎布朗-麦凯布等:《教育法学:教师与学生的权利》,江雪梅等译,中国人民大学出版社2010年版,第68页。

第十三条　父母或者其他监护人应当尊重未成年人受教育的权利，必须使适龄未成年人依法入学接受并完成义务教育，不得使接受义务教育的未成年人辍学。

第十八条　学校应当尊重未成年学生受教育的权利，关心、爱护学生，对品行有缺点、学习有困难的学生，应当耐心教育、帮助，不得歧视，不得违反法律和国家规定开除未成年学生。

第二十八条　各级人民政府应当保障未成年人受教育的权利，并采取措施保障家庭经济困难的、残疾的和流动人口中的未成年人等接受义务教育。

第三十八条　任何组织或者个人不得招用未满十六周岁的未成年人，国家另有规定的除外。

第五十七条　对羁押、服刑的未成年人，应当与成年人分别关押。羁押、服刑的未成年人没有完成义务教育的，应当对其进行义务教育。解除羁押、服刑期满的未成年人的复学、升学、就业不受歧视。

中国《义务教育法》更对相关儿童就学权保障有明确规定：

第二条　国家实行九年义务教育制度。

义务教育是国家统一实施的所有适龄儿童、少年必须接受的教育，是国家必须予以保障的公益性事业。

实施义务教育，不收学费、杂费。

国家建立义务教育经费保障机制，保证义务教育制度实施。

第四条　凡具有中华人民共和国国籍的适龄儿童、少年，不分性别、民族、种族、家庭财产状况、宗教信仰等，依法享有平等接受义务教育的权利，并履行接受义务教育的义务。

第五条　各级人民政府及其有关部门应当履行本法规定的各项职责，保障适龄儿童、少年接受义务教育的权利。

适龄儿童、少年的父母或者其他法定监护人应当依法保证其按

第二章 就学权学理及其内涵

时入学接受并完成义务教育。

依法实施义务教育的学校应当按照规定标准完成教育教学任务，保证教育教学质量。

社会组织和个人应当为适龄儿童、少年接受义务教育创造良好的环境。

按照"受教育权利是人权"和"一切以儿童的最大利益为首要考虑"的原则，我们应该源于儿童自身的独特性最大限度地予以保障。由于义务教育是国家的一项公益性事业，儿童接受教育后最大的受益主体是国家和社会，所以规定国家、学校、社会和家庭各自承担不同的义务教育是比较容易理解的。原因之一便是源于儿童自身的独特性。儿童作为尚不具备完全民事行为能力的未成年人，与成年人有很大的不同，是各方面能力尚未形成的个体。[①]

这是儿童本身应当享有的儿童就学权益。更何况作为流动人员随迁子女这一特殊群体的大多数，属于弱势群体中的"弱势人群"更应该立足儿童本身的特点保障其相关权益。针对流动人员随迁子女的受教育问题，中国制定了"两为主"政策，即"以流入地政府管理为主，以全日制公立学校接收为主"。这一政策历经1998年的《流动儿童少年就学暂行办法》（教基〔1998〕2号）、2001年国务院颁布的《关于基础教育改革和发展的决定》（国发〔2001〕21号）、2003年国务院颁布的《关于进一步做好进城务工就业农民子女义务教育工作的意见》（国发〔2003〕19号）等的发展。

1998年的《流动儿童少年就学暂行办法》（教基〔1998〕2号）相关规定如下：

第二条 本办法所称流动儿童少年是指6至14周岁（或7至15

[①] 尹力：《儿童受教育权：性质、内容与路径》，教育科学出版社2011年版，第41页。

周岁），随父母或其他监护人在流入地暂时居住半年以上有学习能力的儿童少年。

第四条 流入地人民政府应为流动儿童少年创造条件，提供接受义务教育的机会。流入地教育行政部门应具体承担流动儿童少年接受义务教育的管理职责。流动儿童少年就学，应保证完成其常住户籍所在地人民政府规定的义务教育年限，有条件的地方，可执行流入地人民政府的有关规定。

第五条 流动儿童少年常住户籍所在地人民政府和流入地人民政府要互相配合，加强联系，共同做好流动儿童少年接受义务教育工作。流动儿童少年常住户籍所在地乡级人民政府、县级教育行政部门、学校和公安派出所应建立流动儿童少年登记制度。流入地中小学应为在校流动儿童少年建立临时学籍。

第七条 流动儿童少年就学，以在流入地全日制公办中小学借读为主，也可入民办学校、全日制公办中小学附属教学班（组）以及专门招收流动儿童少年的简易学校接受义务教育。

第八条 流动儿童少年在流入地接受义务教育的，应经常住户籍所在地的县级教育行政部门或乡级人民政府批准，由其父母或其他监护人，按流入地人民政府和教育行政部门有关规定，向住所附近中小学提出申请，经学校同意后办理借读手续。或到流入地教育行政部门提出申请，由教育行政部门协调解决。

第十一条 招收流动儿童少年就学的全日制公办中小学，可依国家有关规定按学期收取借读费。借读费标准按国家教育委员会、国家计划委员会、财政部联合颁发的《义务教育学校收费管理暂行办法》执行。

到2006年的《关于解决农民工问题的若干意见》（国发〔2006〕5号）再次强调了两为主的政策原则，即"输入地政府要承担起农民工同住子女义务教育的责任，将农民工子女义务教育纳入当地教育发展规划，

第二章 就学权学理及其内涵

列入教育经费预算,以全日制公办中小学为主接收农民工子女入学"。相关具体内容如下:

> 第七部分 "切实为农民工提供相关公共服务"二十一款规定:
> 保障农民工子女平等接受义务教育。输入地政府要承担起农民工同住子女义务教育的责任,将农民工子女义务教育纳入当地教育发展规划,列入教育经费预算,以全日制公办中小学为主接收农民工子女入学,并按照实际在校人数拨付学校公用经费。城市公办学校对农民工子女接受义务教育要与当地学生在收费、管理等方面同等对待,不得违反国家规定向农民工子女加收借读费及其他任何费用。输入地政府对委托承担农民工子女义务教育的民办学校,要在办学经费、师资培训等方面给予支持和指导,提高办学质量。输出地政府要解决好农民工托留在农村子女的教育问题。

流动人员随迁子女,尤其是农民工子女就学权利的保障方式,从"临时学籍"到"永久学籍",从"借读"到"接收",从"创造条件"到"无条件就读",从"差别对待"到"一视同仁"。应该说相关政策规章的表述变化,极大地促进和保障了相关权益主体的受教育权利。当然我们也应该认识到政策在现实中的执行差距。我们应该加强儿童权利意识教育,提高和促进儿童,特别是流动人员随迁子女等权益相关主体的权利意识。国家、社会、学校、教师及家庭,包括儿童本身应该积极行动起来,为以"就学权"实现为核心的受教育权利保障体系的发展和完善而不断努力。

如前所述,在探究了"就学权"基本学理后,让我们进一步明白了研究流动人员随迁子女就学权的学术"法理"合理性,同时也亟须了解现实状态下中国流动人员随迁子女就学权利的真实状态及保障情况。基于此,下一部分基于田野调查,重点从中国义务教育阶段流动人员随迁子女的就学权现状加以剖析。

第三章

随迁子女就学权保障现状

本书立足中国当前的市场经济与市民社会（或公民社会，相关理论详见第四部分）和中国社会转型的现实情况。正如伍俊斌所主张：公民社会问题研究存在两种不同的路径。一种着眼于具体问题的实证（调查）研究，以期为实践提供直接答案和技术支持。政治学、社会学、法学和史学多依此研究路径。它们的田野调查、统计数据和个案研究为公民社会提供了许多很有价值的感性材料。另一种着眼于本质问题研究，以期为理解公民社会提供基础的理论解释和基本的方法论支持。这是哲学的研究路径。[1]与此相统一，本书在后续部分以实证调查研究为主，辅以理论分析，以期对中国当下社会转型时期的流动人员随迁子女就学权治理这一现实问题进行解剖思考。

第一节 境外就学权保障现状

依据国际经验，一个国家城市化水平由30%提高到70%的阶段，即进入城市化快速发展的时期。据此判断，中国正处于城市化快速发展的时期。按照中国小康社会和初步现代化的战略要求，2020年，中国城市化水平将达到50%，2050年，将达到70%。也就是说，在未来40—50年内，将有8亿左右的农民离开土地，从农村转移到城市。[2]那么，有

---

[1] 伍俊斌：《公民社会基础理论研究》，人民出版社2010年版，第17页。
[2] 王竹林：《城市化进程中农民工市民化研究》，中国社会科学出版社2009年版，第2页。

第三章　随迁子女就学权保障现状

选择性地借鉴国际经验为我所用显得必要。

如文献综述所述，国外对中国流动人员子女受教育权益保障方面的研究较少，对自己国内的相关研究也较少。原因主要有二。

其一就是发达国家已经度过了流动人口的迁徙期，经济发达，教育权益得到充分保障。根据《2012年重庆教育系统赴芬兰、瑞士基础教育考察报告》所述：芬兰的所有正规教育全部免学费，还免费提供在校日的午餐及交通花费。以美国为例，类似于中国社会转型现阶段的流动人口子女教育权保障问题主要是20世纪20年代发生，日本也类似；况且西方发达国家本身农业已经非常发达，可以说当下基本不存在这种现象，我们可以借鉴其成功做法与经验，包括中国港澳台地区对外籍人口子女就读权益保障的成功经验。据中国台湾地区《中华民国年鉴（2011年）》第十一部分"发扬社会公益强化弱势扶助"目标所述：

> 周延对弱势学生的照顾，以促进教育机会均等，实现社会公平正义。推动策略包括8项：如加强原住民教育措施，提供升学优待；新移民子女教育扶助措施：提供生活学习适应于学习发展的辅导活动、亲职教育、举办多元文化周和国际日活动……提升学生学习与生活适应，实现教育机会均等。

其二就是与中国发展阶段类似的南非、印度等国家有与中国经济社会发展转型期的流动人口迁徙，但由于社会体制与保障不一样，也是有区别的。据本书2013年7月6日下午对来自印度海德拉巴市的重庆大学两位博士后（1979年出生的博士后A及1983年出生的博士后B）访谈所述：

> 其中一位博士后是在镇上念的私立学校，一学年1千元印度币，约合人民币500—600元；国外人子女到印度公立学校可以不缴费，

但质量没有私立学校好。现阶段没有流动人员子女就学的突出问题，私立学校很多，没有择校考，交适量学费就可入读；如果经济条件允许，可以读私立学校；印度中小学无等级排名，大学有排名；就他们两人而言，回到印度国内，其子女还是愿意选择到私立学校就读。

那么国外在自己相应的流动人口迁徙期相应的较好的措施及政策规章究竟如何呢？本书选取几个有代表性的国家予以介绍。

美国在其建国以来的200多年时间里，在从一个农业化、高度地方化的社会变成一个城市化、工业化和全国化的过程中产生了一些社会问题，在这个过程中，所有涉及社会变化和资助的活动，美国政府都倾向于把它的影响降到最低限度。[①] 美国在1920年开始成为一个城市化国家。城市化的必然结果是大量人口进入城市，形成人口高密度的城市社会和社区。[②]

基于此，美国从联邦政府到各个州都非常重视政策的制定。问题的产生先于政策。公共政策的产生是问题累积到社会的一个部门或若干部门到了要采取行动的程度。解决问题，化解矛盾的机制就是"触发机制"，"触发机制"是公共政策的根源，是压力的催化剂，产生于内部环境和外部环境之中。[③] 这实际上反映的是经济社会的发展需要超越或者说突破传统的行政管理模式下人为划定的区域界限。为了适应这种变化的需要，作为编制大都市区规划，进行大都市区治理的新机构产生了。这些机构有两种，一种是纯粹的私人组织，完全没有官方的支持；另一种通常是由州一级政府创建，或者是由两个或多个州政府联合创建的权力机构。[④] 美国联邦机构系统图显示有联邦学生援助司、民权司两个机构。[⑤] 在美国受教育权虽然不是美国联邦宪法保障的基本

[①] 鲁哲：《论现代市民社会的城市治理》，中国社会科学出版社2008年版，第55页。
[②] 同上书，第204页。
[③] 同上书，第155页。
[④] 同上书，第205页。
[⑤] 吴遵民：《基础教育决策论——中国基础教育政策制定与决策机制的改革研究》，华东师范大学出版社2006年版，第313页。

第三章 随迁子女就学权保障现状

权利,但被认为与宪法所保障的财产权与自由权具有密不可分的联系,因此受到宪法第十四修正案"平等保护条款"的保障。但关于受教育权平等保护的具体内涵,也经历了一个逐步发展的过程。这其中标志性的司法判例是确立了"隔离然而平等"原则的1896年"普莱西案",以及1954年"布朗案"中该原则被宣布为违宪。从而引起了美国社会的重大变革。[①]

第二次世界大战以来世界各国在经济转型期都发生了劳动力大规模迁徙的问题,与此同时,也带来了迁徙人口子女升学问题,一方面追求教育的机会均等;另一方面,在保证劳动力转移到城市后无后顾之忧,各国都采取了不同的措施,美国实行"户籍等待期"制度。如果一个孩子不和父母或者其他法定监护人住在一起,孩子就读的首要目的仅仅是为了进入这个学区的学校就读,则学区有权拒绝这个孩子免费进入公立学校接受教育。这些为中国解决农民工子女流入地升学问题提供了很好的思路。[②]

日本《宪法》规定日本国民享有迁徙的自由,并实行典型的"户籍随人走"的"住民票"制度。日本实行的"住民票"制度便于人口流动,人们无论走到哪里,都有自己的合法身份,不会发生失控现象,而且加强了日本行政当局与居民的协调,增强了居民的归属意识。20世纪50年代中后期,伴随着产业化和城市化进程的大大加快,日本出现了史无前例的人口迁徙和流动,并出现了"过疏"问题。于是日本政府推出了一系列的"过疏政策",形成了独具特色的地域政策体系和振兴模式,其经验为中国当代的区域发展、地域振兴及和谐社会构建提供了有益的借鉴。[③]

同时,英国在20世纪60年代率先实行教育优先区计划,较有代

[①] 申素平:《教育法学:原理·规范与应用》,教育科学出版社2009年版,第296页。

[②] 张慧洁等:《二战以来各国迁徙人口教育保护政策——兼论流动人口及子女受教育权的法学问题》,吉林大学出版社2011年版,第1页。

[③] 同上书,第293—294页。

表性，以此扶持弱势群体。积极差别待遇意指对弱势群体实施的各种特殊优惠措施的总和，是教育平等的内涵从水平平等发展到垂直平等而形成的结果。在不同的历史时期、不同的国家，由于对弱势群体的界定不同，也基于对教育平等的内涵理解不同，所采取的积极差别待遇措施并不完全相同。在基础教育领域，以英国在20世纪60年代率先实施的教育优先区计划较有代表性。英国最早提出的教育优先区计划是改善处境不利地区教育状况的最有代表性的一种积极差别待遇措施。教育优先区的概念首次出现于1967年英国《卜劳顿报告书》中，指被政府列为物质或经济极为贫乏和不利，须优先予以改善以利于教育机会平等理想实现的地区。计划的主要内容是通过国家干预，对教育优先区及其内的学校予以财政及各种补助，以改善其教育状况。[①]

第二节 大陆就学权保障现状

本书主要立足西部流动人口集中的某省市中心城市实际，将其作为一个案例重点分析其统计数据；同时选点流动人口随迁子女就学问题突出的北京市、上海市及广东省相关学校及教育主管政府部门的领导、校长、教师及流动人员随迁子女的家长等主体当面访谈、电话访谈及实地问卷并就相关情况做概要阐述及反思。

一 大陆随迁子女就学权保障现状概况及反思

（一）问卷概况及反思

根据2014年12月前的问卷调查，本书除了案例中某省市的有效回收问卷339份（其中小学生卷为134份，初中生卷72份，家长卷133份），另外对外省市进行了问卷及调查。基于调查的实际操作多

[①] 申素平：《教育法学：原理·规范与应用》，教育科学出版社2009年版，第306页。

第三章　随迁子女就学权保障现状

采用在不影响学生教学情况下完成，选择样本随机灵活。其中在福建、新疆、湖南、黑龙江共问卷185人，其中学生139人（小学生问卷42人，初中生问卷57人，高中及中等学校学生问卷40人），家长问卷46人。

在福建参与调查39人，学生35人，家长4人。福州市某公办中学校初二问卷14份，流动人口随迁子女户籍来自省份多为四川、江西两省（达到11人）；入读现在学校前身份多为本省（自治区、直辖市）民工子女（包括回迁民工子女）或外省（自治区、直辖市）民工子女；其中11个外地户籍学生入读初中通过方式中4人借读、3人按政策法规保障不缴费正常入学（包括正常转学），两人选择"不清楚"进入学校入读方式；就"进入现在所读学校难易程度"一题答案而言，外地学生所选全为一般（可以正常入学）。这说明在沿海流动人口密集省市，相关学校接受外地生源，学校压力较小，但没有完全执行国家的"学籍政策"。在是否愿意跟随父母而异地读书一题中，其中9人选择愿意，两人选择不愿意（原因分别为难以融入、孤单；不适应）；现在学校实行的分班方式为：2人不了解，9人选择与学校划片区正常入学学生混合编班；对现在就读学校的教学质量与学生管理多选择一般或无所谓；现在就读学校老师或领导有否给同学们讲解流动儿童相关权益的事宜：2人选择偶尔讲解，2人选择从未讲解，7人选择无所谓；自己对流动儿童相关就读学校权益等受教育权利了解情况：多选择不了解或无所谓；希望自己能达到的文化程度：5人选择初中毕业，5人选择高中（中专）毕业，1人选择大学毕业；打算初中毕业后做什么一题：4人选择不读书并在本地或其他地方打工，3人选择在现在就读地上高中很难且回老家上高中不适应，1人选择上职业学校；3人选择在现在就读地上高中。

在福州某中专学校（中等学校）高二阶段学生问卷11人。调查发现：学生多为本地人，这或许说明因为中考、高考的相关利益权益问题，很多外地学生没有在异地就读或者就读普通高中门槛较高，或者是流动人口随迁子女文化程度相对要求较低，没有选择继续就读。其中一人系江西户籍的学生，在通过什么方式进入现在就读学校一题中选择无权参加本地高中（中职）统一入学考试、缴择校费并取得学籍进入；进入现在所读学校难易程度为一般（可以正常入学）。

福建某小学六年级问卷10份，福建本地3人，外地户籍学生7人（系江西、四川、安徽户籍）。入读现在学校前身份是：本省（自治区、直辖市）民工子女（包括回迁民工子女）或外省（自治区、直辖市）民工子女；入读现在小学全部通过借读进入；"愿意跟随父母异地读书"一题4人选择愿意，3人不愿意（原因为不愿离开爷爷奶奶，不喜欢陌生地方，家乡伙伴多）；"现在就读学校老师或领导有没有给同学们讲解流动儿童相关权益的事宜"一题多选择偶尔讲解；"对流动儿童相关就读学校权益等受教育权利了解情况如何"一题多为不了解或了解一些。

福建家长问卷涉及中小学及幼儿园4所学校（幼儿园），采取随机问卷方式。其中一位四川户籍家长问卷答案为：现在职业多为护理员；夫妻的受教育程度最高是初中；对国家最近出台的"两为主"（即以流入地区政府管理为主，以全日制公办中小学为主）政策为不了解；对国家最近出台的"两免一补"（即对农村家庭经济困难学生接受义务教育免课本费，免杂费，补助寄宿生生活费）政策比较了解；了解"两为主"或者"两免一补"政策渠道是媒体；为孩子找学校入读到入学所花时间为一个月或一个月以上；孩子在一般公办或民办学校上学；为孩子选择现在这所学校的原因是（最多选三项）：学校教育质量好，离居住地近，收费低；孩子学校分班方式为：与学校划片区正常入学学生混合编班；最喜欢的分班方式为：根据入学测试水平或其他成绩分班；认为打工子弟学校不足主要表现在学校气氛不好或其他原因；觉得让孩子进入公办学校很难；"如果您觉得孩子进公立学校难或比较难，请问有哪些困难"（可以多选）一题答案为：入学手续太复

第三章 随迁子女就学权保障现状

杂、不知道怎么联系上公立学校;"为孩子就读学校哪些证件难以或无法办理"(最多选三项)一题答案为:工作证明、以前学籍证明;孩子因为随迁原因转学过;为孩子转学的原因多是家长工作变动;"您打算孩子初中毕业后做什么"一题答案为:继续在现在就读地上普通高中。

新疆某小学(公办小学)问卷42人,其中家长学生各为21人。在"你认为流动儿童相关就学(主要指入学)权利可以从哪些方面保障,请谈谈您的看法中"一题答案有:应就近在学校学习,且不多收学费,可以从免学费、伙食费补贴、住宿费方面保障流动儿童入学应与当地户口所在地的孩子一样,享有平等的教育资源,因为他们都是祖国的未来之星;"您是否愿意让您的孩子与其他流动儿童(外来务工人员随迁子女)同班及如果您是本地常住人口,您是否愿意让您的孩子与流动儿童(外来务工人员随迁子女)同班"一题答案:多数选择愿意,但也有两位家长选择不愿意,原因主要是流动儿童的家长对其管理很差,外来务工人员大多无时间和精力来管理孩子;"你认为解决流动儿童(外来务工人员随迁子女)相关就学(主要包括入学、在学及升学三大方面)权利可以从哪些方面加强机制保障或强化支持系统(如人员、机构、经费、社区资源等方面),请谈谈您的看法"一题答案:高考能在所就读的城市参加、只要他是合法公民有相关证件,应该享受本地孩子相同的待遇。从上幼儿园到高中毕业,如果是外来务工人员长期居住在本地又没户口本的应按本地人考虑。但短期的或为了考学应区别对待。比如可以在当地考试,录取回原住地。从经费上得到保障、应该加强对流动儿童的管理,学校、家庭、社会应共同努力。尤其是家庭教育应积极主动跟上。同时不能让一个孩子影响一个班级。

湖南省长沙市涉及学校有省属重点中学及普通中学高初中学生,共20位学生。长沙市相关5所小学学生11人。"流动儿童相关就读学校权益等受教育权利了解情况如何"一题多选择了解一些或不了解。

家长问卷涉及上述学校及另外一所小学，共 10 份。"你认为流动儿童（外来务工人员随迁子女）相关就学（主要包括入学、在学及升学三大方面）权利可以从哪些方面加强机制保障或强化支持系统（如人员、机构、经费、社区资源等方面），请谈谈您的看法"一题答案：希望有更多的机构能使学生入学。入学手续更快捷；国家拨款，减轻家庭负担。

黑龙江哈尔滨 2 所公办中学校初一学生 31 人，高二学生 21 人，家长 21 人。其中一户籍为内蒙古的初一学生问卷基本情况为：入读现在学校前身份是：外省（自治区、直辖市）民工子女；入读初中方式是按政策法规保障不缴费正常入学（包括正常转学）；"你认为进入现在所读学校难易程度怎么样"一题选择：一般（可以正常入学）；"你现在就读学校老师或领导有否给同学们讲解流动儿童相关权益的事宜"一题答案：经常讲解；"你对流动儿童相关就读学校权益等受教育权利了解情况如何"一题答案：了解一些；"您打算初中毕业后做什么一题"一题答案：在现在就读地上高中很难，回老家上高中不适应，不知怎么办。

综合上述四省区的问卷调查情况可知：家长、学生的自主意识和义务教育阶段的就学权利意识需要提高；户籍为本省的相关家庭及学生对外地学生的接纳程度较高；相关政策法规的宣传和普及需要政府教育主管部门统筹，不仅仅是新闻的宣传；义务教育阶段入学问题潜在的制约因素还是"高考"权利利益的群体博弈。

（二）访谈及调查概况

1. 学校及主管部门（电话）访谈概况

访谈时间：2013.9.27

访谈对象（学校及主管部门）：北京市蓝天一中、蓝天二中、海淀行知学校、深圳市教委下辖的公办学校公民中学相关校领导或部门负责人；北京市、上海市、广东省相关教委领导或部门负责人。

访谈提要：北京市蓝天一中为主要接受流动人员随迁子女就读的学

第三章 随迁子女就学权保障现状

校，今年每班招收 25—30 人，3 年后毕业前流动的还剩 20 人左右，三分之一的人流出。蓝天二中完全按政策办事，学生留在北京高考主要渠道是升高职；在流动人员随迁子女相关就学权利保障方面有些事学校也无能为力。海淀行知学校每学期收 2000 元学费，校舍建设资金困难；有两个办学点，有办学资质（实际情况是很长时间没有办到办学许可证）。据深圳市教委下辖的公办学校公民中学介绍：该校流动人员随迁子女占 6 至 7 成。2013 年秋 2016 级学生共报到 600 人，深圳户口 131 人，469 人非深圳户口，不收费，随机编班。

根据调查访谈得知：北京市教育委员会无统一的流动人员随迁子女就读专门部门或办公室，主要是基础教育一处负责；不过北京市海淀区教委有一个社会力量办学管理科，据接受访谈的老师介绍，官方认为没有接受流动人口子女的"非法办学实体"存在。流动人口随迁子女相关业务还是在幼儿科，小教科，中教科。

据接受访谈的上海市教育委员会基础教育处负责流动人口随迁子女就读业务的老师介绍：作为政府部门其最大的困难就是压力太大；上海市接受流动人员随迁子女就读以公办为主，民办为辅。其中 2012 年义务教育阶段公办学校接受随迁子女指标为 74.7%，其他为民办学校接受。

据广东省教育厅基教处老师介绍：广东省义务教育阶段流动人员随迁子女就读需要"6 证"齐全才派发学位，学位不够可读私立；按照国家"两为主"政策执行，同时执行"一市区一政策"；省教育厅主要是政策引导，曾经向教育部打报告希望将民办学位纳入学位派发但尚未批复；特别是珠三角地区，如果政策能完全落实则好；政府压力过大，尤其体现在资金及教育资源压力太大上。

2. 随迁子女家长访谈概况

访谈时间：2013.7.13

访谈地点：重庆至广东深圳 K585 火车 14 节车厢

访谈对象（流动人员随迁子女家长）：一冯姓中年家庭妇女及三

岁左右的双胞胎，职业为广东深圳民工，已经在广东办理暂住证。

访谈提要：据其口述双胞胎大男孩与小女孩，已办暂住证（居住证），交治保费5年就可在广东当地小学初中就读，成绩好的才能读高中考大学。孩子是老人带，丈夫一家全在那里；丈夫在建筑工地打工，一个月2000—3000元收入，是四川西充县人，妻子是贵州省遵义市人。打算读广东小学。至于是否与本地人编班一起就读无所谓，现在广东学校混合编班。在广东学校就读的打工子女比本地人还多。通过访谈发现该妇女对广东流动人员随迁子女入读学校相关政策较为了解。

二 某省市随迁子女就学权保障现状及成因

本书随机抽取了西部案例某省市义务教育阶段有代表性的农民工随迁子女较多的学校类型有初级中学1所、重点小学1所、普通中心小学校1所、九年一贯制实验学校1所。调查的对象主要是四年级到八九年级的有较强认知能力的学生以及学生的家长。共发放问卷350份，回收有效问卷339份，回收的有效率为96.8%，其中小学生卷为134份，初中生卷72份，家长卷133份。同时本书采用随机抽取被试进行问卷测验，要求被试逐项填写，小学生卷和初中生卷要求当场填写，家长卷由学生带回家请家长填好，第二天进行收集。调查问卷数据处理采用SPSS18.0 for Windows统计软件进行录入和分析。

（一）某省市义务教育阶段随迁子女就学权保障现状

根据对该案例省市4所学校的学生、家长及教师的近350份问卷或访谈，入学身份调查数据显示，该省市现在流动儿童户籍地以重庆市、四川省为主，另外有贵州省、云南省、浙江省及福建省的少数流动人口。

1. 学生问卷反馈的就学权现状

从农民工随迁子女入学方式来看，由表3—1和表3—2可以得出大多数的学生都是按照国家政策法规保障不缴费，正常的入学和转学的，约占56%。在其他入学方式中，我们可以看到，小学生问卷中以借读的方式入读的学生仅占3.7%；缴纳择校费进入的占20.2%。初中生

第三章 随迁子女就学权保障现状

问卷中,以借读方式进入的学生占 15.3%;而择校进入的学生较少,约占 7%。这说明在借读入学还是缴纳择校费入学的方式选择方面,小学和初中有些不同,小学以择校进入的多于借读进入的,而初中相反。

表3—1　　　　　　　　入读小学的方式　　　　（单位:%,次)

		数量	百分比	有效百分比
有效	按政策法规保障不缴费正常入学(包括正常转学)	75	56.0	56.0
	借读进入	5	3.7	3.7
	缴择校费进入	27	20.15	20.15
	不了解	27	20.15	20.15
	合计	134	100.0	100.0

表3—2　　　　　　　　入读初中的方式　　　　（单位:%,次)

		数量	百分比	有效百分比
有效	按政策法规保障不缴费正常入学(包括正常转学)	40	55.6	55.6
	借读进入	11	15.3	15.3
	缴择校费进入	5	6.9	6.9
	不了解	16	22.2	22.2
	合计	72	100.0	100.0

从农民工随迁子女入学的难易度来看,依照该省市的相关政策,进城务工农民携带户口簿、身份证、暂住证、务工合同等相关证明,领孩子到辖区指定的学校报名上学即可。所以从小学和初中的调查问卷中我们可以看到,认为入学困难的学生很少,仅有 2.2% 的学生认为很难。但是,认为很容易的学生也不多,大约有 17.2%。大部分仅仅认为是一

般（可以正常入学）。这说明在入学难易度方面仍然存在一定的问题，使得学生和家长没有感觉到入学是很容易的一件事（见表3—3和表3—4）。

表3—3　　　　　　　　入学难易度（小学生卷）　　　　（单位:%，次）

		数量	百分比	有效百分比
有效	很难	3	2.2	2.2
	较难	22	16.4	16.4
	一般（可以正常入学）	86	64.2	64.2
	很容易	23	17.2	17.2
	合计	134	100.0	100.0

表3—4　　　　　　　　入学难易度（初中生卷）　　　　（单位:%，次）

		数量	百分比	有效百分比
有效	很难	3	4.2	4.2
	较难	7	9.7	9.7
	一般（可以正常入学）	58	80.5	80.5
	很容易	4	5.6	5.6
	合计	72	100.0	100.0

从学校的教学质量和对学生的管理方面来看，不论是小学生卷还是初中生卷的调查结果都表明随迁子女对教学质量和学生管理方面比较重视，几乎没有人抱着无所谓的态度，并且有超过50%的学生认为自己就读的学校在教学质量和学生管理方面处于良好及其以上。这说明，50%以上的学生对自己就读学校满意度是比较高的，学生能够很好地适应学校的管理措施（见表3—5至表3—8）。

第三章　随迁子女就学权保障现状

表3—5　　　　就读学校教学质量调查（小学生卷）　　（单位：%，次）

		数量	百分比	有效百分比
有效	优秀	84	62.7	62.7
	良好	39	29.1	29.1
	一般	10	7.5	7.5
	无所谓	1	0.7	0.7
	合计	134	100.0	100.0

表3—6　　　　就读学校学生管理情况调查（小学生卷）　　（单位：%，次）

		数量	百分比	有效百分比
有效	优秀	74	55.2	55.2
	良好	34	25.4	25.4
	一般	23	17.2	17.2
	无所谓	3	2.2	2.2
	合计	134	100.0	100.0

表3—7　　　　就读学校教学质量调查（初中生卷）　　（单位：%，次）

		数量	百分比	有效百分比
有效	优秀	15	20.8	20.8
	良好	44	61.1	61.1
	一般	13	18.1	18.1
	合计	72	100.0	100.0

表3—8　　　　就读学校学生管理情况调查（初中生卷）　　（单位：%，次）

		数量	百分比	有效百分比
有效	优秀	18	25.0	25.0
	良好	41	56.9	56.9
	一般	13	18.1	18.1
	合计	72	100.0	100.0

从农民工随迁子女自身对于流动儿童相关的就读学校权益等受教育权了解情况的调查发现，一半的学生对于流动儿童相关的就读学校权益等受教育权的了解不多，仅仅只是了解一些。更有近30%的学生对于流动儿童的受教育权和自己就读学校权益一点都不了解。这反映出相关的教育政策宣传力度不够，这种一知半解的状态，往往会导致政策出台后其不能得到充分的贯彻（见表3—9和表3—10）。

表3—9　农民工随迁子女自身对于流动儿童相关的就读学校权益等受教育权了解情况调查（小学生卷）　（单位:%，次）

		数量	百分比	有效百分比
有效	非常了解	20	14.9	14.9
	了解一些	74	55.2	55.2
	不了解	36	26.9	26.9
	无所谓	4	3.0	3.0
	合计	134	100.0	100.0

表3—10　农民工随迁子女自身对于流动儿童相关的就读学校权益等受教育权了解情况调查（初中生卷）　（单位:%，次）

		数量	百分比	有效百分比
有效	非常了解	8	11.1	11.1
	了解一些	37	51.4	51.4
	不了解	26	36.1	36.1
	无所谓	1	1.4	1.4
	合计	72	100.0	100.0

从农民工随迁子女就读学校老师和领导对学生讲解流动儿童相关权益事宜的情况来看，小学卷中经常讲解的占36.6%，初中生卷占34.7%，两者比例差不多。偶尔讲解的比例，小学卷占50%，初中卷占59.7%，此比例与农民工随迁子女自身对于流动儿童相关的就读学校权

益等受教育权了解情况的调查结果相符。虽然有些老师和领导从未讲解过相关的政策，但是所占的比例较小，大部分的老师和领导还是会讲解一些相关政策的。

从学生自身了解相关受教育权的政策情况和就读学校讲解的情况相比较，我们可以发现有些老师经常讲解但是学生非常了解的只有11%左右，这可能与学生自身是否想深入了解相关政策的意愿有关。而老师偶尔讲解和学生了解一些的比例都在50%，这说明老师和领导对流动子女相关政策的讲解是有利于促进学生对这些政策的了解的。同时也反映出，学校老师和领导对于流动子女受教育权的政策宣传有不到位的情况（见表3—11和表3—12）。

表3—11　　农民工随迁子就读学校老师和领导对学生讲解流动儿童相关权益事宜的情况调查（小学生卷）

		数量	百分比	有效百分比
有效	经常讲解	49	36.6	36.6
	偶尔讲解	67	50.0	50.0
	从未讲解	14	10.4	10.4
	无所谓	4	3.0	3.0
	合计	134	100.0	100.0

表3—12　农民工随迁子女就读学校老师和领导对学生讲解流动儿童相关权益事宜的情况调查（初中生卷）

		数量	百分比	有效百分比
有效	经常讲解	25	34.7	34.7
	偶尔讲解	43	59.7	59.7
	从未讲解	3	4.2	4.2
	无所谓	1	1.4	1.4
	合计	72	100.0	100.0

◈◈ 就学权研究 ◈◈

从学生卷开放性试题"你认为流动儿童（外来务工人员随迁子女）相关就学（主要包括入学、在学及升学三大方面）权利可以从哪些方面保障，请谈谈您的看法"来看，小学生（五年级）主要回答内容为：（1）免费入学；（2）发生活补助；（3）加强学校环境建设和安全保障；（4）转学不用迁户口，学校不对转学生乱收费；（5）就近入学学校应无条件接受；（6）流动儿童不受歧视，不收择校费。初中生（初二年级）回答主要内容为：（1）外地户籍能在本地参加中高考、家庭、本人、校方、村委等的支持；（2）外地子女就近上学，能继续进行学业；（3）加强相关政策法规保障，免费入学；（4）学校不以各种名义乱收费。

2. 家长问卷以及访谈反馈的就学权现状

在家长职业一栏调查反馈：现在职业主要为农民工，少数为个体户或经商。行业主要在服务业，包括服务员、维修工、驾驶员、促销员、清洁工、装修工等保障系数稳定系数不高的职业。并且从夫妻受教育程度调查和访谈中发现，夫妻的受教育程度多为小学、初中及高中（含中专、职高），年收入都不高。

从家长是否了解国家最近出台的"两为主"（以流入地区政府管理为主，以全日制公办中小学为主）政策和"两免一补"（即对农村家庭经济困难学生接受义务教育免课本费，免杂费，补助寄宿生生活费）政策的调查可得，在受调查的小学生和初中生家长对"两为主"政策的了解大多处于不太了解和不了解的状态。而对于"两免一补"政策的了解情况要稍好于"两为主"政策，非常了解和比较了解的人数都多于"两为主"政策（见图3—1）。

从孩子进入公办学校难易度调查发现，小学生家长和初中生家长所认为的难易度是不同的，初中家长选择很难及比较难选项较多，小学家长选择不太难较多一点。

从对孩子进入公立学校就读有哪些困难得多选调查来看，最突出的困难是"入学手续太复杂"和"离家远，不方便"，其次是"学杂费太高"和"学杂费以外的其他费用太高"。

第三章 随迁子女就学权保障现状

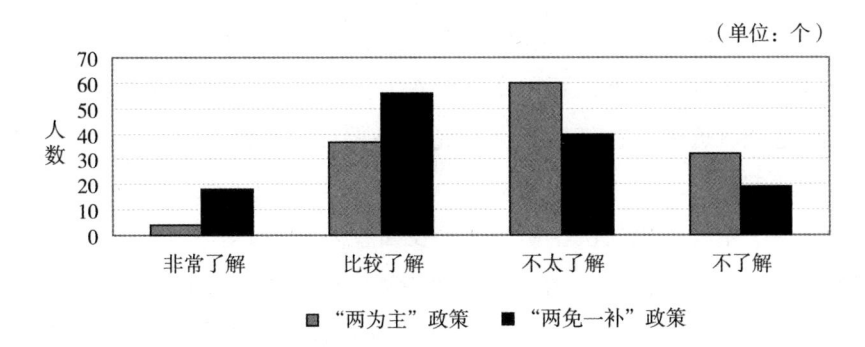

图3—1 家长对于"两为主"和"两免一补"政策了解情况的对比

从家长对孩子现在就读学校的学生管理以及教学质量（如规章制度、教师教育方法、教学效果）的调查结果来看，这与小学生卷和初中生卷的结果相符，有40%的家长认为自己孩子就读学校的学生管理及教学质量是优秀的；另有47%的家长认为良好（见图3—2）。

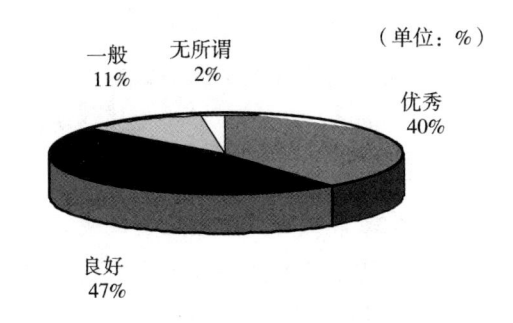

图3—2 家长对于孩子现在就读学校的学生管理以及教学质量的看法调查

从家长问卷主观题"你认为流动儿童（外来务工人员随迁子女）相关就学（主要包括入学、在学及升学三大方面）权利可以从哪些方面加强机制保障或强化支持系统（如人员、机构、经费、社区资源等方面），请谈谈您的看法"中小学生家长回答内容主要有：（1）希望社区机构等能支持孩子上大学；（2）政府支持减免学费，保障孩子身心健康；（3）希望孩子能上个好初中，能与城里的孩子一视同仁；（4）教育经费

47

不要太高；（5）户口不在主城区的孩子也能轻松入读暂住地区的中学，不以成绩好坏区分，可以不用交赞助费、择校费等；（6）希望流动儿童上初中也能就近上学；（7）希望能把义务教育普及到高中；（8）增强学校学生的安全管理，简化入学手续，增强教师队伍，优质学校资源共享，老师对待学生能一视同仁。初中生家长回答内容主要有：（1）得到社会的关爱和经济帮助；（2）流动儿童应就近入学，并且就近入学学校应无条件接收；（3）异地上学应不受地区限制；（4）要加强相关流动儿童；（农民工随迁子女）教育政策的宣传；（5）暂住证和户口问题；（6）学校不要变相收费。

（二）某省市义务教育阶段随迁子女就学权现状成因

1. 制度层面：现有的户籍制度不完善。

中国现行的户籍制度主要依据1958年起实施的《中华人民共和国户口登记条例》，该条例的第六条规定：公民应当在经常居住的地方登记为常住人口，一个公民只能在一个地方登记为常住人口。这实际上杜绝了农村人口向城市流动的可能性。在这种严格的户籍制度之下，中国出现了城市和农村的二元社会结构。而随迁子女的受教育的合法权利会在某种程度上被户籍制度剥夺。

现有的保障随迁子女受教育权的"两为主"的政策在落实过程中由于受到现有户籍制度的影响，使得政策的效果大大减弱。当前，教育部门对于"入学率"等指标的统计都是基于该学生为"户籍人口"的基础上的，但是由于随迁子女按照流入地的定义为"常住人口"而非"户籍人口"，这使得这些相关的"入学率"等的统计结果不能反映现在"常住人口"的受教育情况。所以，由于户籍管理制度的不完善会导致流入地政府缺少解决随迁子女受教育问题的主观愿望。

2. 政策层面：相关的保障流动儿童就学权的政策宣传力度不够。

中国为了保障随迁子女受教育的相关政策不仅需要各个部门和各地政府严格的执行落实，还需要让农民工和随迁子女知道有这些政策，能够正确地理解这些政策，这样政策才能得到更好的落实。但是从调查和访谈中

第三章 随迁子女就学权保障现状

发现，相关保障随迁子女受教育的政策在农民工和随迁子女中还没有得到很好的宣传。比如"两为主"和"两免一补"政策的知晓度就不高。问卷调查表明：一方面，在受调查的小学生和初中生家长中大约有45%的家长对"两为主"政策的了解处于不太了解状态，更有24%左右的家长根本不了解。对于"两免一补"政策的了解情况有42%的家长比较了解，30%的家长不太了解。另一方面，对于受调查的随迁子女来说，不论是小学生还是初中生都有50%的随迁子女对政策比较了解或不太了解。事实上，农民工一旦了解相关的教育政策，就会有所行动。例如，如果随迁子女的家长较为深入了解"两为主"和"两免一补"的政策，那么家长选择让子女在工作地区上学的比重会增大。因此，从目前来看，进城务工的农民对于相关的教育政策了解得不透彻或者根本不了解，这导致了这些关于保障随迁子女受教育权的教育政策出台后其实际意义没有得到充分的贯彻和落实。

3. 机制层面：缺乏政策的监督机制。

不论是国家出台的随迁子女教育政策还是该案例省市出台的相关教育政策，其执行都缺乏有力的监督保障，直接削弱了这些政策的约束力和强制性。由于政策监督机制不够，包括相应的约束机制、激励机制有待进一步完善，使得政策在执行过程中缺少有力的政策执行手段。因为如果没有相应的制约机制，相关政府或教育部门就难以履行好自己的职责；没有激励机制，不能更好地激发政府官员或相关教育工作者贯彻执行国家政策的动机。[①]

4. 学校层面：部分公办中小学接收随迁子女的积极性不高。

目前，该案例省市接收农民工随迁子女的公办中小学绝大部分是由该省市教育行政部门指定的，主要是为了随迁子女能就近入学。这些学校主要有两种不一致的现状：第一种是部分的公办学校由于近年生源减

---

① 袁振国：《中国进城务工农民随迁子女教育研究》，教育科学出版社2010年版，第210、217页。

少，学校面临难以为继的困境，接收随迁子女为这类学校解决了生源问题，使学校发展得更好；第二种是部分的公办学校原来就不存在生源少、办学困难的情况，但是由于随迁子女居住比较集中，使得随迁子女就近入学的这部分学校面临班额增大、教育经费紧张、教师工作量加重等问题。这种情况会影响学校的良好发展，导致这些学校接收随迁子女的积极性不高。

根据调查了解到，目前，该省市有将近800所定点接收随迁子女就读的学校，但是多数学校的校长表示学校教育经费短缺。虽然学校增加了学生就读，但该省市政府的扶持力度还有待加强，在教育经费投入、学校教学资源配置等方面改善有待提高。由于这些学校学生人均教育资源严重的不足，客观上减弱了这些学校接收随迁子女就读的积极性，进而影响了学校对农民工随迁子女的教育和管理。

第四章

社会转型期义务教育阶段随迁子女就学权治理

基于就学权利学理的分析和实际的调查分析，本部分探究其治理对策自然在情理之中。关于中国大陆流动人员随迁子女就学权保障相关对策可以从多个角度加以分析论述。一般的关于受教育权利的对策保障多从司法保障角度谈及，或者从行政、财政、办学体制、户籍制度等角度切入。以研究受教育权较有代表性的著作——温辉博士的《受教育权入宪》一书为例，谈及保障体系时，也是提到四点：立法保障、司法保障、行政保障、基本国策保障。这些观点角度固然都不错，但是真正让就学权得到良好的长远的治理保障，或许我们"跳出法律看法律、跳出教育看教育"会得到意外收获。况且"就学权"也好，"受教育权"也罢，本身就不是也不能纯粹地独立于社会。相关权益的诉求保障可以放置于社会大环境治理体系中去思考。正如中共中央编译局副局长、北京大学中国政府创新研究中心主任俞可平教授主张的观点：

> 治理（Governance）是公共权威为实现公共利益而进行的管理活动和管理过程。从善政到善治是人类政治发展的共同趋势，追求善治是各国政府的理想目标。"少一些统治，多一些治理"，已经成为普遍的政治要求。不断地从统治走向治理，努力实现公共管理从管制型向

服务型转变，这是人类政治发展根本方向。①

随着市场经济的深入发展，国家与社会也开始适度分离，大量的民间组织涌现出来，一个相对独立的公民社会开始形成，并对中国的政治生活产生日益深刻的影响。2008年，在中国深圳的街头出现了一个巨幅标语，"公民社会，共同成长"。中国公民社会的制度环境也得到了极大的改善。官方对民间组织的态度从防范为主转变为培育与规范并重，针对公民社会组织的一系列政策法规也相继出台。公民社会组织在国家政策制定、公民政治参与、慈善公益事业、生态环境保护、公民权益维护等领域中的作用日益增大。②

联合国开发计划署驻华代表罗黛琳女士也认为：

民主治理是实现联合国千年发展目标的关键所在，因为治理是发展的核心内容。民主治理的领域非常广泛，联合国开发计划署在全世界150多个国家都有治理领域的项目，包括议会的发展、对人权的尊重、公共服务、地方政府的发展、强化监督机构的职能和加强法治，帮助各国政府和民间社会、不同类型和政治倾向的政府，使它们更加关注人民的期望，更负责任，也更加公平，更加有效率，工作更廉洁、真诚，也更加合法。治理不应该只关注善治方面，善治只是制度方面的一项工作，聪明的治理应该是一种明治，治理应该为人民大众谋福利。③

既如此，可以从权益主体的角度联系当下契合中国社会转型的法学理论之市民社会理论（又叫公民社会理论。德国柏林自由大学阿恩德·鲍尔肯佩尔认为：对市民社会来说，根本的是和君主专制划清界限。公

---

① 俞可平：《中国治理评论》，中央编译出版社2012年版，发刊词。
② 同上书，第14—15页。
③ 同上书，第197—198页。

第四章　社会转型期义务教育阶段随迁子女就学权治理

民社会的理想不仅反对专政，还源于对西方国家福利政策的缺陷和局限的失望。[①]本书认同大众观念，将市民社会理论与公民社会理论等同，在研究中统一使用"市民社会理论"一词）及市场经济与法治国家建设的大背景，从社会治理的角度去做一尝试性探究或许又是另外一番启示。我们应该认识到，中国法治之路不是对西方法治发展道路和模式的照搬，而是对人类法治文明发展趋势的顺应，并化为现实的社会结构化、制度化要素。在一定意义上讲，这是对西方与东方、传统与现代乃至"后现代"的超越。正如党的十八大所强调：坚持法治国家、法治政府、法治社会一体建设，促进国家治理体系和治理能力现代化。而正式提出建立的"法治社会"是和法治国家相对应的一个实体，实现法治社会应由国家来扶持，由大家来关注，一起努力，我们的法治建设才能真正实现突破。只有这样，才能为中国法治化奠定坚实的社会基础，法治才能真正化为社会现实，而不是一种外装。在这一重大历史进程中，法学理论无疑要承担起重要的历史使命。它不仅应紧跟时代发展的步伐，而且还应赋有前瞻性的启蒙、阐释和导引功能，从而对法治实践进行积极回应。[②]除了前述现状涉及的具体措施等，下面主要从切合当下社会转型时期受教育主体的市民社会理论角度和公权力角度等社会治理角度做一探究并力争相互呼应印证。

第一节　市民社会理论视野下弱势权利之就学权重塑

法学理论之市民社会理论聚焦弱势群体受教育权利之就学权，契合当下中国生态社会转型的大背景，为此本部分探究市民社会理论与中国

[①] [德]阿恩德·鲍尔肯佩尔：《从市民社会到公民社会——对19、20世纪德国社会责任承担者的思考》，载韩水法、黄燎宇《从市民社会到公民社会：理解"市民—公民"概念的维度》，北京大学出版社2011年版，第175页。

[②] 马长山：《国家、市民社会与法治》，商务印书馆2002年版，第3页。

随迁子女就学权利的链接架构点：从人权、宪法权利及具体法律权利等人权代际角度揭示就学权的平等实质，进而创造性引出市民社会理论的平权本质，从而以其为基点剖析随迁子女多元自主权利基础内涵，认为通过流动人员及其随迁子女公民意识重塑、多途径促进流动人员（农民工）市民化、凸显城市基层群众组织社区的民主自治管理功能、民间社团组织为民主与法治提供结构性支撑，同时通过对国家、社会及个体的权力、权利构架机制建立与有效配置等彰显市民社会理性规则秩序与社会主义法治国家合法性的有机契合，实现流动人员随迁子女主体的弱势权利重塑。

中共十八届三中全会通过的《中共中央关于全面深化改革若干重大问题的决定》明确指出：推进农业转移人口市民化。健全城乡发展一体化体制机制，让广大农民平等参与现代化进程，共同分享现代化成果，大力促进教育公平，推进法治中国建设，坚持法律面前人人平等，健全国家司法救助制度，完善法律援助制度。与此同时，当下中国正处于社会转型、依法治教及贯彻《国家中长期教育改革和发展规划纲要（2010—2020年）》和《中国教育现代化2035》的大背景。如前文所述：据估计，未来15年中国将有1.5亿农村人口转移到城镇，进城务工人员随迁子女的数量将增至3700万人。既如此，社会转型背景下作为弱势群体的流动人员随迁子女的受教育权益保障，尤其是以入学升学资格及资源机会平等为追求宗旨的就学权利保障相关问题不容回避。

一 弱势就学：随迁子女就学资格权利凸显治理"窗口期"

（一）焦点案例：给随迁子女一个"生"份

2012年闹得沸沸扬扬的上海占海特事件至今还记忆犹新。占海特，1997年出生于珠海，户籍地江西九江。2002年2月随父母移居上海，还有个8岁的弟弟和5岁的妹妹。在上海完成9年义务教育后，因无上海户籍且不符合上海10类参加高考人员条件，可在上海考中专和职业技术学校或者返回原籍考高中，其主动辍学在家。2012年6月开始在微博上

第四章 社会转型期义务教育阶段随迁子女就学权治理

高调争取异地中考、高考权利，与沪籍人士就异地高考"约辩"。在微博上自我介绍"少年公民、自由战士，因非沪籍失学、推动教育公平"。2012年11月下旬，15岁的非沪籍女生占海特和她的家庭站在了舆论的风口浪尖。热闹的交锋背后，是这个未成年的"非沪籍"生面临的不确定未来。

类似的另一个非北京籍张图高考事件同样引起国人及学人关注。因为户籍限制，在北京生活、就读于北京师范大学附属实验中学的安徽籍少年凭成绩可以考上北大清华的张图却无法在北京高考。2013年春，张图的父亲张建国无奈之下，在具有美国国籍的前妻的帮助下，帮张图获得美国公民身份。令人意外的是，获得美国国籍之后，张图不仅能在北京高考而且还可以加10分。非京籍少年华丽逆袭，悲剧与喜剧果然只在一念之间。

上述两个焦点事件结果尚不讨论，关注的背后却是随迁人员子女的就学平等权利的治理问题引发我们的深思。

（二）调研实际：流动人员随迁子女就学权现状不容乐观

2001年国务院颁布《关于基础教育改革和发展的决定》主要强调了要重视解决流动人口子女接受义务教育问题，以流入地政府管理为主，以全日制公办中小学为主，采取多种方式依法保障流动人口子女接受义务教育的权利。这样，"两为主"的政策基本成型。《国家中长期教育改革和发展规划纲要（2010—2020年）》再次强调了"坚持以输入地政府管理为主、以全日制公办中小学为主"的政策。按照教育部要求，所有省市均应该在2012年年底出台所在省市的异地高考政策。"两为主"政策及异地高考新政的出台虽然在一定程度上解决了农民工子女等流动人员随迁子女入学难的问题，但在其执行的过程中却遇到诸多阻力与问题。

2013年3月至2014年12月，笔者经过对流动儿童就读敏感省市北京市、上海市及广东省相关省市级、区县及教育主管行政部门领导、一线工作人员及北京市定点就读学校蓝天一中、蓝天二中、海淀行知实验学校、广东深圳市光明新区公民中学相关访谈研究，并同步完成西部某案例省市、黑龙江、湖南、新疆及福建五个省区市的近500份问卷调查，发现相关流动人员随迁子女的相关就学权益保障现状有改观但不容乐观。初中生问卷中，以借读方式进入的学生占15.3%，择校进入的学生约占7%。这一数据还不包括非义务教育阶段的高中（高中阶段的流动儿童就学权利问题更显突出），这说明在借读入学还是缴纳择校费入学的方式选择方面，相关省市政策执行有待加强，相关权益主体意识还有必要提高。

我们知道，教育权在其变革的过程中，最直接的利益关系者就是受教育者。受教育权是人的最基本的权利，影响着人的生存与发展。而学生受教育保障权的前提就是拥有开始阶段的"学习机会权"，即就学权资格的获取。如前文关于就学权的释义，可以知道，追求平等是公民就学权的本质要求。这一权益要求不是抽象的，而是具体的，具体反映在前文所述不同层次的人权法律体系之中。既如此，按照就学权追求平等的理想旨归之本质，随迁子女就学资格权利已经凸显治理的"窗口期"，亟须社会及相关公权力部门予以积极回应并结合中国实际，根据相关理论及境外成功经验、国内成功实践等探寻合理的治理路径。

二 平权视野：市民社会理论切入弱势权益保障缘由

随着全球化进程的加快，国家和社会、权力和权利、普遍利益与特殊利益的矛盾关系比以前更为复杂和凸显，市民社会理论也逐渐成为一股世界性的法学理论思潮。在中国，随着改革开放的深入和社会主义市场经济的进一步发展，中国社会转型已经成为趋势使然，社会主义市民社会理论已经初现端倪。法治的根本意义在于权力制约和权利保障。市民社会与政治国家的矛盾发展是人类社会最基本，最深层的发展向度。市民社会理论是马克思主义法律观得以确立的重要基石。[①] 把社会现象置于市民社会和国家的历史发展运动中去考察，将会获得更深入、更根

---

① 马长山：《国家、市民社会与法治》，商务印书馆2002年版，序。

第四章　社会转型期义务教育阶段随迁子女就学权治理

本的认识和把握。可见，找到市民社会理论与中国随迁子女义务教育阶段就学权利的链接架构点，法学界、教育界引入市民社会理论进行创新性开拓研究显得尤为必要。

（一）市民社会理论精髓：关注弱势，凸显平等精神

亚里士多德在《政治学》中最早使用的"市民社会"概念，也具有"政治社会""公民社会"或"文明社会"的蕴涵。当然，古希腊城邦的自由人和奴隶也有其自己的社会生活。在黄金时代的雅典，自由人除不能享有政治权利（主指管理国家事务权利）和占有土地外，在从事职业、参加社会和文化活动等方面，则与公民有同等机会，他们多为从事工商经济活动的商人和工匠等。[1] 真正的市民社会成熟于17—18世纪的资产阶级革命时期，但它的前身却是中世纪西欧的城市市民社会。[2]

正如黑格尔所言，市民社会特点如下：首先，市民阶级逐渐形成。其次，民主参与自治管理制度逐步确立。再次，市民社会日常生活日益拓展。最后，市民精神得以确立。[3] 市民社会包含下列三个阶段。第一个阶段是需要，即通过个人的劳动以及其他一切人的劳动与需要的满足，使需要得到中介，个人也从中得到满足；第二个阶段是通过司法对所有权进行保护，即包含在上述体系中的自由这一普遍物的现实性；第三个阶段是通过警察和同业公会来预防遗留在上述两个体系中的偶然性，并把特殊利益作为共同利益加以关怀。[4]

市民社会具有监督和影响教育的权利和义务。因为教育对培养儿童（城市未来的主人）的能力是非常重要的，但父母的任性和偶然性会不同程度地影响教育的效果，因而市民社会对教育的监管是必然的。在这里很难区分父母的权利和市民社会的权利。尽管父母通常都认为对于子

---

[1] 马长山：《国家、市民社会与法治》，商务印书馆2002年版，第18页。
[2] 同上书，第52页。
[3] [德] 格奥尔格·威廉·弗里德里希·黑格尔：《法哲学原理》，杨东柱等译，北京出版社2007年版，第90页。
[4] 同上书，第92页。

女的教育问题,他们拥有完全的自由,但市民社会有权在这一事情上强制父母把儿女送进学校接受教育。①

正如家庭和市民社会在国家中是国家稳定的条件一样,个人的目的与国家目的同样也是国家稳定的条件。如果只顾个人目的而不顾国家目的,国家就可能倒退甚至不复存在。同样,国家也必须顾及个人目的,为个人谋幸福,如果它不能使个人目的得到满足,那么国家也会垮台。②洛克认为,市民社会是对自然状态的补救,是与由所有生而平等的人经过协议组成的具有权威的政治实体相对应的存在。"人类天生都是自由、平等和独立的,没有本人的同意不能把任何人置于这种状态之外,使其受制于另一个人的政治权力。"③

市民社会的实质就是正确理解和处理国家与社会、国家和个人的相互关系,建立各自互不侵犯又共存一体的功能界限。市民社会的结构—功能状况决定了它就是民主政治生长的社会基础或"良性生态环境"。中国特色的市民社会实质上就是"法治社会"为基础的社会主义市民社会。从历史发展形态来看,市民社会经历了文明、政治和文化等三种形态,其中文化形态的市民社会标志着人的真正生活,所以中国特色市民社会的发展目标就是形成文化形态的市民社会。这就表明中国市民社会的建设将是一个艰苦的历史。④

市民社会,首先应是"市民+社会",是具有市民意识的人的集合,是具有现代性市民意识的人们的生存、相互作用、结社的场所。市民社会的形成时期也就是市民社会的生活方式和市民空间的形成时期。这个概念突出了几个主要特点,一是人,主要是指人的基本特性是不具有特

---

① [德]格奥尔格·威廉·弗里德里希·黑格尔:《法哲学原理》,杨东柱等译,北京出版社2007年版,第103页。
② 同上书,第117页。
③ 彭诚信:《主体性与私权制度研究——以财产、契约的历史考察为基础》,中国人民大学出版社2005年版,第32页。
④ 秦国荣:《市民社会与法的内在逻辑——马克思的思想及其时代意义》,社会科学文献出版社2006年版,第2—4页。

第四章　社会转型期义务教育阶段随迁子女就学权治理

权的平民；二是场所，主要是人的聚集场所——这种不具有特权的平民聚集的场所（空间）是在城市。[①] 关于公民权利保障的更深层次的认识是，应当处理好多数主义和弱势主义之间的关系。传统的公民权利理论多是从保护多数人的利益出发，认为民主就是多数决定，公民权利就是保证多数人（处于社会底层和中层的第三等级）能够享有和少数人（国王与贵族）相当的权利，因此其关注的中心在于剥夺少数人的特权，实现法律面前人人平等。这当然是宪法中公民权利保障的重要方面和必然阶段，然而在民主观念已经深入人心的现代社会，保护少数派尤其是易受歧视的弱势群体，应当成为现代宪法与人权保障的主流，这种发展可以说是个体主义意识形态与集体主义意识形态之间的对立造成的，或许可以将之称为弱势主义的人权保障观。不难发现，在现代宪法当中，受到质疑的公共权力除了传统的行政权力之外，代议机构的立法者成为新的被"怀疑"的对象——因为代议机构的活动原则就是多数决定主义，他们常常倾向于追求那些反映多数派利益的决定。[②] 宪法应该防止出现"多数人的暴政"。市民社会强调关注弱势、凸显平等的理念告诉我们流动人员随迁子女就学的平等权就应该在中国特色的市民社会中得到合理保障。

由此可见，市民社会对作为个体的权利诉求非常关注，尤其是弱势群体的权利诉求更是将其放到"国家目的"的范围中加以考量和保障。因为市民社会将儿童视为城市未来的主人，并把儿童的特殊利益作为共同利益加以关怀。自此，市民精神关注弱势权益并彰显平等理念的精神得以确立。

（二）追求平权：随迁子女就学权对市民社会机制的渴求

"流动改变中国"。2004年3月5日，温家宝总理在《政府工作报告》中使用了"农民工"这个概念。"三农"问题正逐渐演变为"四

[①] 鲁哲：《论现代市民社会的城市治理》，中国社会科学出版社2008年版，第9页。
[②] 焦洪昌：《宪法》，北京大学出版社2012年版，第6—7页。

农"问题。伴随而来的农民工等流动人员随迁子女（以农民工随迁子女为主）的受教育权利保障既是一个热点，也是一个难点。尽管国家相关政策法规有明确规定，《国家中长期教育改革和发展规划纲要（2010—2020年）》也再次强调了"坚持以输入地政府管理为主、以全日制公办中小学为主"的"两为主"政策，但在执行过程中遇到诸多阻力，陷入执行困境。这一难点由于固有的社会转型、相关体制机制、经济欠发达、文化氛围等原因，集中体现为中国义务教育阶段流动人员子女学习权的平等实现，这一问题又聚焦于这一群体的就学资格权利得不到充分保障，尤其是义务教育阶段流动人员子女等相关弱势群体或被动群体就学权的平等保障与实现问题突出。

如前所述，市民社会不是西方资本主义国家的专利。作为社会主义的中国正在建设有中国特色的市民社会。市民社会理性规则秩序与社会主义法治国家合法性能够得到有效契合。市民社会在中国不是一个"可能"的问题，而是一种社会现实，他的出现和存在是以市场经济体制的建立和完善为背景的，因为我们要建设的是有中国特色的社会主义，所以这个市民社会必须是社会主义市民社会。中国市民社会的发展对政治具有很强的依赖性，这决定了中国市民社会的发展不会再走西方市民社会那种与国家"对抗"为起始点的老路。中国的市民社会虽也有对国家的制衡作用，但更多的是与国家的互补作用。[1]

流动人员随迁子女相关利益主体应该对市民社会平等就学权利提出合法合理诉求。但事实上在发展经济学经典理论提出的"人口城市化"模型中，农村农业人口职业的非农化和身份的非农化基本上是同步进行的。但在中国，从农民到农民工的职业转化已无障碍，但相关制度改革的滞后使得从农民工到城市市民的身份转换这一步骤步履维艰。因此，以农民工随迁子女为主的流动人员随迁子女就学权问题的实质是中国农民的非农化和现代化；症结所在就是农民工于城市化之间没有形成良性

---

[1] 鲁哲：《论现代市民社会的城市治理》，中国社会科学出版社2008年版，第247页。

第四章　社会转型期义务教育阶段随迁子女就学权治理

互动，在传统的城市治理模式下，农民工不仅很难享受城市提供的公共服务，而且一些基本权利也无法得到保障；解决的途径是逐步使大部分农民工市民化，成为城市市民，因为只有城市化水平大幅度提高，农民工才能"进厂又进城，离土又离乡"，落后的二元经济才能真正转变成一元现代化经济，"候鸟"式的农民工才能永久性地成为城市市民。[①]

也正因此，国家公权力部门应该对流动人员子女就学权益相关诉求予以积极回应。中国正在"依法治国，建立社会主义法治国家"伟大治国方略中加速着法制化进程，理论界已不再仅停留于法治规范研究而开始把注意力转移到实证分析上，以国家与市民社会有机构架为基点的市民社会理论也被引入法治分析当中，并已显出巨大的理论潜力和现实功效。从一定意义上讲，它是对全球化市民社会研究浪潮和中国市民社会发展的一种积极回应。[②] 因为从市民社会理论出发变革更新法学，是社会主义市场经济发展的需要。按照马克思市民社会理论，市民社会与政治国家并列存在是现代国家的基本特征。只要有私有制和社会分工的存在，市民社会与国家的分离及其矛盾关系就不会消失。但在剥削阶级社会，市民社会与政治国家具有离心性和对抗性质，而在社会主义社会，国家与市民社会则形成了有机的统一体。市场经济是契约经济，在市场经济条件下，各种产品和服务均由市场进行配置，并通过契约这一法律形式来实现。教育作为一种服务，自然也要在市场原则下与外界进行公平交易与协作。在流动学生就读流入学校的过程中，双方建立合同关系，即教育教学合同关系。[③]

所以社会主义国家也必须进行变革，重新调适国家与市民社会的关系，其政策取向的轴心，就是革除传统集权主义的弊端，进行市场化、

[①] 张国胜：《中国农民工市民化：社会成本视角的研究》，人民出版社2008年版，第7—8页。

[②] 马长山：《国家、市民社会与法治》，商务印书馆2002年版，第201页。

[③] 张慧洁：《二战以来各国迁徙人口教育保护政策——兼论流动人口及子女受教育权的法学问题》，吉林大学出版社2011年版，第180页。

就学权研究

民主化改革,呼应随迁子女就学权等权益的合理合法的正当诉求。尽管有苏联、东德前车之鉴需要警醒,但改革毕竟是不可逆的,所以我们才要走中国特色的社会主义(市民社会)之路。关于这一认识,美国学者苏黛瑞的观点或许不失偏颇,但或许带给我们启示:

> 从中国的情况来看,共同支撑公民权的三大旧制度——官方公布的政策、臃肿却根基稳固的行政官僚体制以及城市定量供应制度——在改革时代依然残留下来,扭曲了公民权这一概念的实质。
>
> 当流动到城市的农民被迫适应——而且也使他们自己去适应——在城市的三种生存方式之一时,就会出现相互塑造的关系。有的流动人口被纳入到国家主导的体制,享受到二等公民权;有的流动人口依靠自己的同乡构建了一片"族群飞地",并因此得到不同程度的援助;剩下的那些人漂泊在城市,找寻着工作,无依无靠地生存着。
>
> 因此,市场对于公民权的另一大影响在于,他们导致了城市中公民之间的实质性分化——真正的公民,二等公民,类公民(在国家之外)和非公民——其中每一类人在转型时期有着不同的营生。居住在城市里面的农民组成了新阶层,并且取代了之前的分类,因为在之前的分类中,所有农民——不论是居住在城市还是农村——简单的被统称为"二等公民"。对于任何特定的流动人口来说,他们最终回归何处,还是与其输出地有着密切的关系。①

既如此,中国的法治也必然建立在国家与市民(公民)社会的二元良性互动关系基础上,并为中国政治,经济和社会发展提供必要保障。

---

① [美]苏黛瑞:《在中国城市中争取公民权》,王春光等译,浙江人民出版社2009年版,第307—308页。

第四章　社会转型期义务教育阶段随迁子女就学权治理

在推进社会主义民主与法治的进程中，固然要进行政治体制改革，精兵简政和强化分工制约，但更重要、更根本的则是必须重塑国家与市民社会的关系，推进市民社会的自主性和多样化发展，以多元社会权利来平衡和制约国家权利。只有这样，权力扩张和腐化才能得到有效控制，"国家主义"滋生和发展的土壤才能得以清除，民主与法治才能真正确立起来。中国20世纪70年代末以来的伟大社会变革也正是循着这一逻辑展开的。①

三　平衡路径：随迁子女多元自主就学权重塑与理性规则秩序建立

（一）市民社会理论视野下随迁子女多元自主权利基础内涵

作为受教育权利的核心权利之就学权利既是一项公法权利，也是一项私法权利。

作为公法权利的就学权利，是指相关流动人员随迁子女可以根据法律，要求公权力机关行为或不行为的权利。公法权利的相对方为公权力；也就是公权利行使主因来自公权力机关公权力之行使。当然，受教育权利的核心主张权利之就学权利更是一项私法权利，是指以满足公民个人（随迁子女）合法诉求需要为目的的个人权利，主要指非公权机关介入的私人和团体所拥有的权利。当下社会转型的中国特色社会主义市民社会条件下的流动人员随迁子女自然需要自身的利益团体和非公权机关介入社会团体组织实现其利益诉求。

就学权利的平等权利源泉首先来自人权，其形成对国家集权的分解。

这方面无论是美国的《独立宣言》，还是法国的《人权和公民权宣言》，甚或是英国的《权利法案》等，都贯彻了自由主义精神和天赋人权思想。传统的集中化国家权力，就在相当程度上被分解为广大社会成

---

① 马长山：《国家、市民社会与法治》，商务印书馆2002年版，第212—217页。

员所自主享有的自由、平等权利。① 在社会主义市场经济条件下的中国，不仅签署了《世界人权宣言》和《儿童权利公约》，并且在中国《宪法》及相关法律中对受教育权利的人权进行了明确保障，《宪法》第二条明确规定：中华人民共和国的一切权力属于人民。同时在第四十六条指出："中华人民共和国公民有受教育的权利和义务。国家培养青年、少年、儿童在品德、智力、体质等方面全面发展。"综上，人权的平等实质赋予了就学权利的权利诉求合法性，并以此形成对国家公权力的分解。

流动人员随迁子女相关群体市民的基层群众组织和民间社团组织的自主化、多元化的产生发展形成对国家权力的分割制衡。

在西方，近代市民社会所造就的"大众社会"，并非仅仅表现为原子化、疏离化的乌合之众。恰恰相反，市民社会的"政治解放"在展现出遍布社会的独立"经济人"这一宏伟景观的同时，也对传统血缘、等级社会结构进行了重大解组，形成了以角色分化、利益联结及合理性追求为表征的众多社会组织。② 作为权力属于人民的社会主义中国更有可能通过组织多元化构筑一个权力分离和制衡的机制，提供能保护少数人（比如流动人员随迁子女）权利、抑制等级体系和权力集中支配的互控机制，进而使国家权力在阳光下运作，从而达到限制权力滥用及提高权力运用效能，良好保障民主、自由的权利。也为自由理性、自主自律的社会秩序奠定良好的基础。这种秩序就是立足市民社会多元权利基础上的，体现自由和权利价值诉求的法治秩序。③

（二）流动人员及其随迁子女公民权利意识重塑

在中国传统城乡二元化结构影响根深蒂固、城乡差异有增无减，甚至出现所谓"欧美城市、非洲农村"的尴尬局面的现实状况下，中国社会主义市民社会发展的关键在于主体之市民的"市民化"程度。杨长云认为市民社会的特质在于市民自由、自立和自觉，它保证了市民能够独

---

① 马长山：《国家、市民社会与法治》，商务印书馆2002年版，第158页。
② 同上书，第160页。
③ 同上书，第166页。

第四章 社会转型期义务教育阶段随迁子女就学权治理

立于国家而接受各种思想,采取宪法和法律范围内所允许的行动。①

我们必须清醒地认识到,从城市发展来看,农村人口转移到城市,只是完成城市化的一个步骤——人口在空间上的流动。城市化还有个体的改造过程,即农村人口素质、生活方式的市民化。② 人们法定权利意识的强弱直接影响着法定权利是否能够变成实然权利。人们特别是农民对财产权的重视要超过对政治权利和人身权利的重视。③

社会的进步需要公民意识的主体自省自觉,自动自发。马长山认为,公民意识是市民社会与国家契合的自由理性精神和法治的非制度化要素。公民意识使权力制约和权利保障更为有效。公民意识能够促进普遍有效的法治秩序的实现。公民意识的反思机制能够使法治在民主开放的选择中,适应社会发展的要求,从而为法治的运行奠定坚实的基础。④

(三)解决就学权利瓶颈:多途径促进流动人员(农民工)市民化

多途径促进流动人员,尤其是农民工的市民化是解决以农民工随迁子女为主体的流动人员随迁子女就学权这一瓶颈的不二法门。中国提出2020年将要基本实现工业化和城市化,根据《中国统计年鉴》提供的数据,2001—2006年中国城市化率平均每年提高了1.3%,按照这个数据计算,2020年城市化率将达到60%左右,这就意味着从现在至2020年,中国城市将新增3亿人口,其中约有两亿农民工及其子女。按照这种发展趋势,未来20年内,中国城市人口的40%—50%都将是农民工。因此,现阶段中国作为一个特大发展中国家和一个转轨时期的国家,在快速城市化推动下,农民工市民化将是一个不可逆转的趋势。⑤

制度层面的保障:解决流动人员子女上学问题不是一个教育主管行

---

① 杨长云:《公众的声音:美国新城市化嬗变中的市民社会与城市公共空间》,厦门大学出版社2010年版,第157页。
② 同上书,第172页。
③ 高鸿钧:《中国公民权利意识的演进》,夏勇:《走向权利的时代:中国公民权利发展研究》,社会科学文献出版社2007年版,第36—64页。
④ 马长山:《国家、市民社会与法治》,商务印书馆2002年版,第182页。
⑤ 张国胜:《中国农民工市民化:社会成本视角的研究》,人民出版社2008年版,第9页。

政部门、一个学校及一个家庭就能解决的事情，需要相关层面的统筹规划，改革相应体制，设立相应配套的机制人员及机构。

根据"迁徙权利自由原则"，解铃还须系铃人。中国实行的现有城乡二元结构的两种身份制度在一定历史时期带给了国家安定甚至发展。但随着国家的发展变化，相应的户籍制度改革变化调整力度需要及时跟进。国家需要适时试点或改革现行户籍制度，国家可以采取适时试点的方法，先对一部分随迁子女多的城市进行试点，使得户籍制度真正符合当今时代的发展。

这主要是解决农民工市民化的公共产品享受、基本权益保护和社会经济适应方面的问题。随迁子女就学权利实现的瓶颈之一就是户籍问题。这首先需要改革户籍制度。它违背市场经济的基本要求，阻碍中国城镇化的进程，限制了公民的居住和迁徙自由。其次要完善适应农民工需要的相关配套制度的改革。改革教育和投资关联体制，取消对农民工子女教育的不平衡待遇。最后要完善现行的政治参与制度，让农民工有制度化的利益表达机制。

文化层面的吸纳。城市化是以农村人口向城市迁移和集中为特征的历史过程。伴随着精神、文化、观念的无形转变。其含义有城市对农村影响的传播过程，全社会人口接受城市文化的过程。而农民工市民化的前提应该有农民工自身素质的进一步提高和市民化，农民工的意识形态、生活方式和行为方式的城镇化。① 首先要加强对农民工的教育培训；其次是要文化吸纳农民工。当前，由于中国正处于社会主义市场经济发展阶段，市场作用发挥不利，社会救济机制也没及时到位，尚未建立与地区经济相适应的城乡一体化培训机制。② 通过这样的培训提高农民工等流动人员市民素质，以便在文化层面更好地融入社会主义市民社会。

社会层面的认同。大众媒体要关注农民工。第一，要利用各种形式

---

① 范先佐：《人口流动背景下的义务教育体制改革》，中国社会科学出版社2011年版，第110页。

② 同上书，第16页。

第四章 社会转型期义务教育阶段随迁子女就学权治理

开展普法活动。第二，要克服执法中的地方保护主义，对于侵害农民工权益的单位与个人给予应有的处罚，营造有利于农民工市民化的舆论环境；第三，要通过政府与新闻媒体的正确引导，改变城市市民的片面观念。①

（四）给随迁子女一个城市的归属保障：凸显城市基层群众组织社区的民主自治管理功能

在以农民工为主体的流动人员这一庞大社会群体中，随着其公民权利意识的觉醒，当他们来到城市，历经徘徊—无助—他助—自助的阶段后，发现相关权益的取得需要通过基层群众组织向公权力部门进行合理诉求时，对基层群众组织的重视依赖就变得更加明显。在当下中国的农村基层群众组织主要是指村民委员会，而在城市主要就是社区。

整体现代化是现代市民社会的形成基础；现代市民社会的要求不是对政权的政党式的参与，现代市民社会要求的是对城市社区治理的参与权利；法治与民主构成现代市民社会和国家、政府之间关系的准则；城市化与现代市民社会的形成要求城市政府必须有更清晰的功能和权力定位（如保障公民的权益，推行政治民主，减轻中央负担，提供公共服务，振兴地方经济等）；城市社区构成了现代市民社会的城市治理空间。从社会稳定和发展的需要来看，社区是单位解体后的替代品，最大限度地解决单位退出社会管理职能后留下的空白。②

作为流动人员群体组织需要相关公权力部门在社区配置相应的流动人员权益维护的功能设置，这样，包括流动人员子女就学权利等的维护可以得到及时保护，对于城市公权力部门掌控相关信息，制定相关政策都可以变得更加的主动。这对于国家发展、社会稳定等方面均有重要的价值和意义。这不仅是让流动人员找到"城市温暖"或"市

---

① 张国胜：《中国农民工市民化：社会成本视角的研究》，人民出版社 2008 年版，第 7 页。
② 鲁哲：《论现代市民社会的城市治理》，中国社会科学出版社 2008 年版，第 285—287 页。

民认同"的体认，更重要的是对整体推进社会主义市民社会的健全发展都有重要意义。这方面，中国相关省市已经在开展类似工作的探索。湖北恩施市在流动人口均等化服务方面得到了流动人员的肯定欢迎。据湖北《恩施日报》2013年8月6日第4版报道，通过官方推动，成立了首个流动人口计划协会，在流动人员权益保障方面主动为民工群体服务。

（五）民间社团组织为流动人员随迁子女就学权提供第三方民主与法治的结构性支撑

除了进一步发挥社区这一带有半官方性质的基层社区功能来保障流动人员群体权益外，充分发挥民间社团组织的作用，可以进一步为流动人员随迁子女就学权提供民主与法治的结构性支撑。民间组织是市民社会参与城市治理、形成集体利益表达的主要形式（比如行业组织等）。[1]

社会团体是国家权力回归社会的重要桥梁。结社活动展现了人类走向自由自主活动的发展走向。同时，社会团体可强化权力制约和民主参与与监督。社会团体使不同群体的合法权益获得有效的实现和保障，也是实现社会自律秩序、维护社会稳定的重要力量，也使民主与法治价值的合法性得以确认和弘扬。[2] 这方面温州模式（温州商会）所发挥的作用可以为相关流动人员利益主体提供参考借鉴。正如邓正来所言：中国的市民社会是指社会成员按照契约性原则，以自愿为前提和以自治为基础进行经济活动、社会活动的私域，以及进行议政参政活动的非官方公域。中国市民社会的建构需要由上而下的国家因素，由下而上的社会因素，由外而内的外部因素。[3]

我们相信通过合理引导并合法成立流动人员（比如民工）相关自发组织、临时工会、互助会或者合法社团，一方面保障了结社的自由，充

---

[1] 鲁哲：《论现代市民社会的城市治理》，中国社会科学出版社2008年版，第285—287页。
[2] 马长山：《国家、市民社会与法治》，商务印书馆2002年版，第229—251页。
[3] 邓正来：《国家与市民社会：中国视角》，上海人民出版社2011年版，第8—14页。

第四章　社会转型期义务教育阶段随迁子女就学权治理

分发挥其政治经济和文化功能,另一方面又推动了社会主义市民社会的民主与法治建设。

(六)就学权治理机制的建立:国家、社会及个体的权力、权利构架与有效配置

在随迁子女就学权保障治理的前行进程中,需要将之放置于国家、社会及个体的权力、权利构架与有效配置的宏观角度加以审视。

权力是政治国家的主导运行规则,权利是公民社会的主导运行规则。建构公民社会,要求当代政府必须实现四个根本转变:在政府权力上,从高度集权向适度分权转变;在政府治理上,从人治向法治转变;在政府职能上,从管制型向服务型转变;在管理方式上,从统治向治理转变。随着人类的日益进步,国家将逐步还权于社会,自己走向消亡,即变为单纯的社会公共事务管理机构而不再具有政治统治性质。这也是社会和国家由统合到分离、再到新的统合的否定之否定的过程。当然,这将是一个漫长的历史过程。[①] 现代市民社会与经济社会基础上形成的现代社会的基本特征是社会的公开性(所以相关教育权的保障应该公平公开)。公开性是构成经济社会基本法——竞争法的一个基本的原则。不正当行为之所以违反竞争法,其根本的原因就是违反了公开性。公开性是公共生活的本质属性。[②]

首先,在机制的政策层面:制定保障流动人员的法规,修订《流动儿童少年就学暂行办法》,定期宣传随迁子女教育政策。根据多源流政策过程理论,当下制定相应保障流动人员法规的"政策法规制定三扇窗口"已经打开,国家及相关省市可以适时制定一部《流动人员保障法》或相关《地方流动人员保障条例》,将相关事宜,尤其是其子女受教育权保障上升为法律层面。在西方许多发达国家,比如美国等就有相应的"移民法规"或专项法规,值得借鉴。1998年3月2日国

---

① 伍俊斌:《公民社会基础理论研究》,人民出版社2010年版,序。
② 沈敏荣:《市民社会与法律精神:人的品格与制度变迁》,法律出版社2008年版,第134—140页。

家教委和公安部发布的《流动儿童少年就学暂行办法》（教基〔1998〕2号）是指导性文件，时至今日，相关形势发生了显著变化。《流动儿童少年就学暂行办法》中的相关规定已经明显需要修订，比如第七条内容"流动儿童少年就学，以在流入地全日制公办中小学借读为主，也可入民办学校、全日制公办中小学附属教学班（组）以及专门招收流动儿童少年的简易学校接受义务教育。"政策宣传将会对进城务工农民的流动进行一些正确的引导。鉴于之前家长卷和学生卷的调查发现保障流动儿童受教育权的政策宣传力度不够的问题，建议各级政府和教育部门定期组织进行随迁子女教育政策的宣传。宣传的形式可以多样：将相关随迁子女的教育政策制成宣传手册发放给进城农民工；定期组织进城务工农民学习了解随迁子女的教育政策；利用电视媒体和平面媒体开展政策宣讲活动，等等。

其次，在学校层面优化教育资源配置，促进公办民办教育共同发展。根据权利理论的交换原则及"宪法准则"，在公办教育资源不够的情况下，目前重庆等省市及中国应该倡导民营资本进入义务教育阶段，大力扶持民办教育，满足流动人员子女、城镇化建设及全面二孩政策背景下带来的趋势变化，及时应对，早作准备。让民办教育不能在流动人员子女受教育权的保障中人为缺位。

同时，建立并完善受教育权实施及监督机制。在政策制定以及执行的各个阶段都要建立必要的监督机制，比如政策问题征集制度、政策听证制度、政策执行效果评价制度等。与此同时，实行领导问责制，从而保证政策的执行和获得良好的执行效果。

另外，在义务教育制度上，改变义务教育的逐级划片管理模式，实行义务教育的属地管理模式，让农民工子女获得与城市孩子一样的受教育权利。同时，城市政府应当保障农民工子女平等接受教育的权利，将农民工子女教育纳入教育发展规划和教育经费预算。支持社会力量举办"农民工子弟学校"。（在合格的前提下）确立农民工子弟学校的合法地位，妥善将农民工子弟学校纳入国家教育体系。①

应当说，中国法制化的进程是由国家启动的，然而在根本意义上，则是市民社会与国家二元分化的必然要求和反应。②流动人员随迁子女（农民工子女）的读书问题、就学权益保障问题首先是外围的问题，并不是孩子读书本身的问题（比如显性的户口等的问题和深层次的相关问题：社会成本的问题；根本性的问题：即市民化社会或者公民化社会建设的本质需要市民化一元化），问题还在于国家战略。既如此，在当前中国社会转型大背景下，将流动人员随迁子女就学平等权利问题分析引入市民化社会理论的重要性自然得以彰显。我们相信，通过依法治国和市民社会理性规则秩序有机契合，公民意识重塑与法治国家合法性的建设，必将进一步推动中国相应弱势群体的权益保障和社会主义民主法治进程。

第二节　市场与法治：公平视野下就学权治理进路*

教育公平是社会公平的基础。当前中国教育存在一些不公平现象，这已成为引起广泛关注的社会问题。关于义务教育阶段流动人员随迁子女就学权利问题涉及公民教育权的保障，其中关键之一就是教育资源的配置公平问题及高考指挥棒效应的连锁反应，亦正是因此引发了学前升小学、小学升初中、初中升高中等择校派发学位等一系列现象及问题。相关教育法规权利主体应在宪法框架内，尊重市场经济规律，有所为有所不为。下面结合中国国情，通过案例分析，依据法治原则，借鉴国外经验，指出在当前中国教育资源配置还不完善的情况下，首要解决的是公平性问题。进而提出完善相应教育法规、通过高中教育市场化、义务

---

① 王竹林：《城市化进程中农民工市民化研究》，中国社会科学出版社2009年版，第235页。
② 马长山：《国家、市民社会与法治》，商务印书馆2002年版，第277页。
* 本节部分内容材料系重庆大学法学院2013级博士研究生刘俊宜与笔者共同发表的论文。

教育行政法治引导资源均衡化等的治理路径，以此为中国基础教育阶段公民受教育权（就学权）保障路径探索建言。

一 相关现象折射出的平等受教育权等社会问题

2001年青岛三考生为争取平等受教育权而状告教育部的案件，2012年因没有上海户口而不能参加上海中考的江西籍考生占海特事件，2013年为在北京参加高考转美籍的北京师范大学附属实验中学安徽籍考生张图事件，2014年6月超一本线70分因父母未缴社保只能报三本的四川广安考生小王（化名）事件，以及2014年央视节目报道的"神"一样的超级中学"亚洲最大的高考工厂"——安徽省毛坦厂中学"万人送考"的航拍镜头让许多观众印象深刻。类似现象还有很多，不得不引起我们的思考。

这些大小事情或事件现象背后折射出的本质所反映的就是中国公民在基础教育阶段的平等受教育权问题。党的十八届三中全会《决定》明确指出：让发展成果更多更公平惠及全体人民。全面深化改革的核心问题是处理好政府和市场的关系，使市场在资源配置中起决定性作用和更好发挥政府作用。建设法治中国必须坚持依法治国、依法执政、依法行政共同推进，坚持法治国家、法治政府、法治社会一体建设，维护宪法法律权威。深化教育领域综合改革，逐步缩小区域、城乡、校际差距；统筹城乡义务教育资源均衡配置，大力促进教育公平。国内学者关于教育公平的研究始于20世纪90年代。[1] 对教育公平的理解应当包括三个维度，一是教育权利平等，二是教育机会均等，三是成本分担公正。其中教育权利平等是教育公平的基本要义，但它却无法自我实现；平等教育权利的实现有赖于权利主体具备行使权利的可行能力，包括可行的教育机会和可承受的成本分担，前者要求教育机会均等，后者要求成本分担

---

[1] 袁同凯、郭淑蓉：《回顾、评述与反思：教育公平问题研究综述》，《民族教育研究》2013年第6期。

第四章　社会转型期义务教育阶段随迁子女就学权治理

公正。①

（一）超级中学的另类价值

在这些为了考试而存在的超级中学里，学生的生活是单调而乏味的。考前学生大规模的疯狂撕书场面就反映了学习过程中学生压抑的情绪。超级中学带来的问题也在逐渐显现："形成无可匹敌的中考生源竞争优势，加速对基础教育优质资源的垄断，彻底打破了基础教育原有的格局，结果以牺牲大多数学校的均衡发展为代价，成全了少数超级中学。"② 为此有人形象比喻"超级中学的存在，却如同一个营养的劫取者，它以局部肥大的代价，换取了四肢的萎缩和苍白。"③ 虽然超级中学现象招致诟病，但客观事实是这类学校越来越壮大。

（二）屡禁不止的高考加分

相比之下，高考加分制度弊端更大。较为典型的案例如 2009 年全国多家媒体报道的重庆 31 名考生民族成分造假事件，其中涉及 15 名官员子女。由于中国教育领域的法律法规缺乏"刚性"，导致教育机会的不平等，进而导致了一些特权阶层的存在，他们支配着教育资源和教育机会，导致教育不公越来越明显。教育并轨改革后，教育不公集中体现在升学和择校方面。面对升学和择校，普通老百姓只能靠考试分数来决定命运。④ 由此可见超级中学的存在有其市场，那就是高考招生考试相对更公平。但是这仅仅是相对公平，如同矮子里面挑高个一样，是一种无奈的选择。虽然 2014 年高考政策的重大变化之一是各地高考加分的"瘦身"。⑤ 但在实际执行过程中，高考加分仍考验着教育市场及教育法规公

---

① 吕普生：《权利平等、机会均等与分担公正——教育公平的三个维度及其内在逻辑》，《华中科技大学学报》（社会科学版）2013 年第 6 期。

② 黄建海：《是谁催生了超级中学?》（http://learning.sohu.com/20120710/n347805061.shtml）。

③ 刘志权：《超级中学现象拷问教育公平》（http://learning.sohu.com/20120710/n347794147.shtml）。

④ 华锋：《论法律视域内促进教育公平的策略》，《河南师范大学学报》（哲学社会科学版）2013 年第 11 期。

⑤ 高靓等：《2014 年高考加分"瘦身"起跑线回归公平》（http://edu.qq.com/a/20140605/029367.htm）。

平的底线。当然值得肯定的是国家已经关注到相关现象，近年已经在高考加分等方面收紧了政策，尤其是竞赛加分等方面进行了缩减。

（三）另类中、高考移民

除了中、高考加分引发的争议外，中、高考移民则又是一个更为复杂的社会问题。如前所述，2012年在上海的外省籍女初中生占海特由于无法获得上海户籍，依照上海的升学规则不符合报考普通高中的要求，而她也拒绝报考中等职业技术学校。为此她和她的父亲多次到上海信访办及教育部门申诉，甚至到公共场所抗议。他们的行为招致一些上海当地居民强烈的反对，甚至被骂为"蝗虫"。占海特争取在上海中考的目的是能参加上海的高考。上海、北京地区高考分数线低、录取比率高是一个不争的事实。"占海特事件"反映的是高考移民现象，即部分考生为了达到上大学或者上好大学的目的，利用一切可能的手段和途径，向录取分数线比较低、录取率比较高的省份流动。部分地区教育行政部门加强了异地高考录取的管理，带来的不仅是争议，也有诉讼。高考移民问题的根本原因就是高考录取政策问题。高考录取政策的核心问题就是中国公民教育平等问题。随着社会的发展变化，相关新时代的教育新移民及隐性移民等问题需要引起相关政府主管部门及教育主体的关注，并寻找积极的解决对策。

二 顺应与呼应——市场与法治相结合，充分保障受教育权平等实现

教育资源属于一种稀缺的社会资源，对教育资源的分配属于现实问题。就中国教育改革而言就是要处理好公平与效率二者之间的关系。公平与效率二者的关系是随着时代发展而变化的。当下中国教育资源的分配更应注重公平原则。

《宪法》第46条规定，"中华人民共和国公民有受教育的权利和义务"。《教育法》第36条规定，"受教育者在入学、升学、就业等方面依法享有平等权利"。宪法规定和保障的平等权一般意义是"形式上的平

第四章　社会转型期义务教育阶段随迁子女就学权治理

等",即通常所说的"机会平等",要求人们参加自由的竞争,保障人们在各种活动中起点上的平等。但社会的各个公民由于自身所不能改变的客观原因如自然资源、社会资源的先天拥有和分配不均,自然和历史形成的社会和个体差异等,绝对的实行形式上的平等就可能导致事实上的不平等。现代宪法逐渐采纳了"实质上平等"的原理,即在起点时给予"弱者"以合理的优待。宪法不仅是一部根本法,调整社会基本关系,也是一部活法,它规范的是现实的社会关系,其价值体现的是其规范性,是以现实的社会关系为其存在的基础。所以宪法的规定不应被虚置。教育平等不仅是一项宪法要求,而且需要有效的宪法制度保障才能实现。在很大程度上,招生考试改革是经济改革的延续。[①] 当前中国经济改革的方向就是社会主义市场经济的完善。市场经济就是法治经济,所以中国的教育改革、公民受教育权利的平等保障与实现应顺应市场精神与法治理念治理的道路前行。

三　义务教育出口端治理路径：高中教育的市场化无须等待

（一）高中教育的市场淘汰作用

从直接消费角度论述看,高中教育是一种私人产品。因为,一方面,高中教育存在消费的竞争性,即增加一个学生边际成本并不为零。比如,在高中教育招生名额既定的情况下,一部分学生进入普通高中接受教育,势必会排斥其他未进入高中的学子对普通高中的教育机会的获得。另一方面,高中教育又很容易实现技术上的排他性。比如,通过提高收费标准很容易实现对高中消费人数的控制,从而达到排他性的效果。因此,从直接消费上看,高中教育是一种私人产品。作为一种私人产品,高中教育只有在市场的调节下更有效率。

高中教育在当前不属于义务教育时间段。根据劳动法法定年龄规定,年满16周岁就可以开始工作了。虽然在中国高中教育是公民的一种选择

[①] 张千帆：《中国大学招生指标制度的合宪性分析》,《中外法学》2011年第2期。

性教育，但是这种选择日益虚化。因为学历文凭的筛选作用，使得更多的人选择更高层次的教育。依据筛选理论，能力越强的人也越容易在学业上获得成功，他们有更多的受教育机会，因此受教育多的个人生产能力会更强，这使得用人单位一般用学历来决定雇佣的标准和个人工资的高低。某一层次的学校教育像筛选器一样，帮助雇主识别劳动者的内在能力等级和某些个性特点。这些能力和特点对雇主有价值，因而相应的教育文凭、学位、证书等可以帮助雇主选择雇员并把他们分配到不同的岗位中去，以减少他们在聘用、使用员工时的风险。在当前中国，由于高等教育的普及，高中教育成为高等教育的必经之路，读高中成为大多数人的选择。既如此，高中教育的市场淘汰价值自然凸显。

（二）重点高中的双刃剑

选择更优质的高等教育资源的冲刺阶段就在高中教育阶段。在计划经济向市场经济体制转型的社会变迁过程中，教育的外部环境发生了巨大变化，但唯一不变的是教育经费的短缺。为了解决办学经费问题，高中教育出现了两种形式的改革：一是鼓励社会力量投资办学。作为这一政策的结果，越来越多的民办学校出现，一些公立学校也借助市场化的力量吸纳到越来越多的社会资金；二是政府放松管制，向公立学校和其他一些教育机构让步越来越多的权力，其中包括向学生收费的权力。从改革的结果来看，市场机制给传统的高中教育带来了新鲜的血液，其不仅大大缓解了高中教育经费缺乏的局面，提高了学校的质量和效益，同时也提供了更多的受教育机会，增加了学生和家长的选择权。

高中教育市场化也会带来一些弊端，一是学校差距逐渐加大。优质高中、重点中学通过市场的途径不断吸收着优秀教师、生源从而扩大规模，形成巨型学校，成为市场"马太效应"的优胜方。而一般的高中只能等待着品尝"劣汰"的滋味。只要人们倾向于按照学术优异的单一尺度来评价学校，择校就不可能如其倡导者所言，会导致更加多样、灵活的办学形式，相反，它会加强基于学术考试成绩和社会阶级的现存分层

第四章　社会转型期义务教育阶段随迁子女就学权治理

机制。[1] 学校差距是教育整体公平的一个隐患。二是教育不公平现象日趋严重。"教育市场的运行和结果只对某些社会阶层或群体有利，而对其他人则不利，我们再次看到市场不是中立的。"[2]

（三）矫正与补偿：市场机制对高中教育的回应

对于市场化后导致的重点中学一枝独大的垄断局面可以在市场规制下逐步解决。重点高中并非当代的产物，而是特定社会背景下的制度选择。在20世纪50年代，为实现国家的工业化目标而面临人才严重短缺困境的中国必须要在短时间内培育出一批满足工业化需要的人才。为此，采取的办法就是通过集中力量选拔一批精干的优秀学生，为高等学校输送人才进行重点培育，这是中国重点高中产生的历史背景。"文化大革命"结束后为了恢复教育发展，重点高中迎来一个发展高潮。1978年1月，教育部颁布了《关于办好一批重点中小学实行方案》；1980年10月，教育部又颁布《关于分期分批办好重点中学的决定》。重点高中的产生及发展具有历史性，在一定时期发挥了积极作用，但是从教育发展的长期规律看存在弊端。早在20世纪80年代中期就有人指出重点中学的弊端："首先，在中学产生了悬殊的两极分化；其次，使多数学校失去了办学的积极性，也使多数学生失去了学习的积极性；最后，助长了教育领域的不正之风。"[3] 重点高中是一个历史问题，它的存在和发展影响到了教育的公平性。既然高中教育市场化，我们就不能运用传统的教育行政方式将其拆分，而应借助反垄断法的方式从法律上避免其形成教育垄断地位。

针对市场化改革对特定人群公平带来的冲击，西方教育的一些理论和实践可以借鉴。如科尔曼提出"矫正平等"和"补偿平等"的原则。

---

[1] [英]杰夫·惠迪、萨莉·鲍尔、大卫·哈尔平：《教育中的放权与择校：学校、政府和市场》，马忠虎译，教育科学出版社2003年版，第148—150页。

[2] [美]斯蒂芬·鲍尔：《教育改革——批判和后结构主义的视角》，侯定凯译，华东师范大学出版社2002年版，第113页。

[3] 纪大海：《对重点中学制度的再认识》，《四川师范大学学报》1986年第1期。

矫正平等的内容是采取经济措施补偿那些能力优秀但没有优越背景的人；补偿平等的核心问题是对那些生来基因不良，或者处于恶劣环境中的人进行补偿。因此科尔曼更多地注意那些天赋较低和出生于较不利社会地位的人们。与"补偿平等"类似的是罗尔斯提出的"补偿原则"。"补偿原则"认为为了平等地对待所有人，提供真正的平等的机会，社会必须更多地注意那些天赋较低和出生于社会底层的人们。除了罗尔斯和科尔曼之外，罗默也提出了"补偿教育"计划，主张对弱势群体的孩子投入更多的补偿教育资金。"补偿"成为西方教育处理教育市场化带来教育公平问题的主要理念。这些思想在国外教育改革的实践中得到了充分的体现，也取得了良好的效果。哥伦比亚是拉丁美洲经济发展较为良好的发展中国家，该国20世纪90年代以来实施的教育券政策有效地促进了私立教育的发展，并保障了贫穷孩子获得良好教育的机会。[①] 就中国国情而言，政府财政可以针对贫困群体上高中采取助学金的形式予以帮助。

如上所述，在高中阶段如能通过高中教育市场化，让相应学校不再出现前述"超级中学"等怪象，合理发展，按照教育与市场规律办学，那么，义务教育阶段的相应各级学校就没有升学的压力与相关考核指标的限定，当然也就不会为其生源的质量、生源地的来源等发愁，或者变相执行、"折扣"执行国家的教育政策，尤其是义务教育阶段流动人员子女就学权保障政策的执行。从这个角度上讲，义务教育阶段流动人员随迁子女就学权保障的问题已经不仅仅局限于其本身了。

四 义务教育本体端治理路径：行政法治引导均衡发展是必然

就义务教育阶段本身而言，根据该阶段"义务性、强制性"等特征，通过义务教育阶段行政法治化的治理，以此积极引导义务教育阶段各级学校良性发展已经成为必然路径。

1982年通过的《中华人民共和国宪法》，即规定中国大陆实行义务

---

① 祝怀新、应起翔：《哥伦比亚教育券政策述评》，《比较教育研究》2003年第6期。

第四章　社会转型期义务教育阶段随迁子女就学权治理

教育。随后1986年4月12日第六届全国人民代表大会第四次会议通过的《义务教育法》中有九年制义务教育的条款规定。2006年新《义务教育法》进一步明确公民受教育权保障权益。义务教育实现全免费。但在中国义务教育整体发展日益完善过程中，义务教育发展仍存在地区间、城乡间、校际间不均衡现象。有人认为当前义务教育发展不均衡的状况是政府相关部门、学校和家庭多个主体博弈的结果。[①] 这种博弈从家庭角度讲有其正当性。孩子是家长的希望，择校在义务教育不均衡现状中有其选择的理性。这也就使得义务教育阶段教育公平性最大问题就是择校问题。

（一）择校的"非法性"

择校不仅有违教育公平，它与教育法律法规及其政策方针也是背道而驰的。1993年，中共中央、国务院印发的《中国教育改革与发展纲要》中明确要求"中小学要由'应试教育'转向全面提高国民素质的轨道"。进入20世纪90年代，国家明确提出小学、初中不设重点校（班），并开始规范义务教育办学体制，推行素质教育。1995年2月9日，国家教委、中国科协发布《关于停办各级各类奥林匹克学校（班）的紧急通知》，强调要严格控制各类竞赛、评奖等活动，继续落实国家教委《关于进一步加强中小学生竞赛、评奖活动管理的通知》中的有关规定。1997年国家教委下发的《关于目前积极推进中小学实施素质教育的若干意见》从16个方面给出促进素质教育的实施的具体措施；1999年1月，国务院转发的《面向21世纪教育振兴行动计划》中，将素质教育列为重要的跨世纪工程，同年6月又发表了中共中央、国务院《关于深化教育改革全面推进素质教育的决定》，并在第三次全教会及其后强大的宣传声势中广泛传播。此后，十多年的素质教育在学校层面上被广泛地实践，但是素质教育所要力图改变的状态并未取得显著变化。2006年颁布的《中华人

[①] 李敏：《义务教育非均衡发展动力机制研究》，中国社会科学出版社2011年版，第30页。

民共和国义务教育法》第三条规定：义务教育必须贯彻国家的教育方针，实施素质教育，提高教育质量，使适龄儿童、少年在品德、智力、体质等方面全面发展，为培养有理想、有道德、有文化、有纪律的社会主义建设者和接班人奠定基础。该法第一次将"实施素质教育，提高教育质量"写进了教育法律。

（二）行政法治手段均衡教育资源——破解择校难题

解决义务教育阶段择校问题关键是合理配置教育资源。正是由于教育资源不均导致了择校行为愈演愈烈。这就需要通过行政强制方式干预义务教育资源的分配。日本的经验值得借鉴。现代义务教育制度是从现代立法开始的。明治维新以来，日本把推进教育普及作为提高全体国民素质的重要战略举措，摆在国家安危的高度来实施。《小学校令》的颁布为普及义务教育提供了法律制度上的保障。《小学校令》颁布后，日本积极发展小学校，提高学龄儿童就学率并快速发展师范学校。为普及义务教育提供师资保障；努力增加教育投入，实行免费的义务教育制度。[1] 日本《教育公务员特例法施行令》（1949）及其修正案明确规定：中小学教师的职业性质为公务员，公立学校教师在同一所学校连续工作不得超过6年。各都（道、府、县）教育行政所制定的公立学校教师流动政策总体基本相同，如人事调动及审批权限、流动的基本原则，以及任职年限的规定、流向偏僻地学校的优惠措施等。[2] 日本的学校性质有国立、公立和私立之分，中小学校无论是在城乡之间，抑或是国立、公立与私立之间的资源配置几乎都是无差别的。日本整个国家的基础设施都相对比较均衡，区域之间的差别不大，因而在日本任何一所中小学所拥有的硬件设施等资源配置，在其他的学校也同样可以看到。学校的整体规模和办学条件都相对一致，每个班级都实行的是小班化的教学，这

---

[1] 刘山：《〈小学校令〉的颁布及其对日本近代普及义务教育的影响》，《河北大学学报》（哲学社会科学版）2010年第2期。

[2] 黄树生：《日本教师"定期流动制"对中国义务教育教师配置均衡化的启示》，《上海教育科研》2011年第7期。

第四章　社会转型期义务教育阶段随迁子女就学权治理

是目前中国所不能达到的水平。日本对义务教育区域间的平衡发展十分重视，而偏僻地区是主要关注的方向。[1] 日本义务教育的经验告诉我们采取行政法治手段是解决义务教育阶段教育公平性问题较为有效的手段。

对中国义务教育而言，当前还存在流动人口子女入学问题。改革开放以来，随着社会主义市场经济的不断推进，城镇化水平的不断提高，城乡间、地区间人口流动越来越多，进城务工就业的农民也越来越多，其子女就学的问题也越来越突出。虽然《义务教育法》第十二条规定"适龄儿童、少年免试入学。父母或者其他法定监护人在非户籍所在地工作或者居住的适龄儿童、少年，在其父母或者其他法定监护人工作或者居住地接受义务教育的，当地人民政府应当为其提供平等接受义务教育的条件。"但是现实中外来务工人员子女就近入学受到诸多条件限制。这方面日本 1987 年修订《户籍法》规定的"住民票"制度的做法值得参考。"住民票"制度将户籍的作用简单化，在当时人口流动性远比现在中国高的日本没有产生中国式的"人口分流"现象。[2] 日本的这一做法值得中国当下解决流动人口子女平等就学权利相关事宜借鉴。

从 1980 年制定新中国成立以来的第一个教育单行法——《中华人民共和国学位条例》开始，中国教育法制领域基本上形成了以教育基本法为统领，以各单行法为主干，以地方性教育法规、教育行政法规和规章为支撑实施的相对独立、比较完善的教育法规体系，为依法治教提供了法律依据。[3] 但是，当前，中国教育立法还存在诸多空白地带，还存在不够准确或完善之处，教育实践中出现的许多新情况，尚需法律法规进行规范。有人认为：特别是教育法律对公民受教育权利的保障力度不足，公民受教育权利的合理自主行使缺乏有力的法律支持。[4] 公民受教育权

---

[1] 曹辉、徐慧蓉：《日本义务教育的公平保障机制研究》，《青年与社会》2014 年第 6 期。
[2] 张慧洁等：《二战以来各国迁徙人口教育保护政策——兼论流动人口及子女受教育权的法学问题》，吉林大学出版社 2011 年版，第 295 页。
[3] 谭细龙：《论中国教育法制建设中的问题及其对策》，《中国教育法制评论》2008 年第 6 期。
[4] 管志琦：《中国教育法制建设的历史回顾与展望》，《国家行政学院学报》2013 年第 2 期。

利自主行使的权利固然当受保护，但是在当前中国教育资源配置还不完善的情况下，首要解决的是公平性问题。在基础教育阶段保障公民受教育权、促进教育公平等方面中国立法仍存空白。根据中国国情，在政府宏观调控教育资源的前提下，如何通过教育相关法律立改废释、行政引导并积极实践，进而促进高中教育的市场化、义务教育行政法治引导均衡资源是中国基础教育阶段保障公民受教育权，尤其是弱势群体之义务教育阶段流动人员随迁子女就学权利实现并得以良好保障的理想治理进路。

值得欣慰的是，2014年12月4日，在国家确立首个"宪法日"之际，国务院法制办公布了《居住证管理办法》（征求意见稿）。该办法首次明确了持证人的权利，明确持证人与当地户籍人口享受"同等"的接受免费义务教育等权利。这次办法中明确提出：居住证持有人与本地户籍居民"同等享有"包括接受免费义务教育等权利就是要努力推进新移民与户籍人口的平权。就是让新移民在当地纳税、当地缴纳社保，也在当地享受公共服务，实现权利义务的统一。把"居住证管理法"逐渐改变为"居住证权利法"。其中，免费义务教育的权利，是含金量最高的居住证权利。但也当看到改革的艰巨性。比如，随迁子女在当地参加中考、高考等权利，并没能实现即时的"同等享有"，办法第14条的提法是：各级政府应"积极创造条件"，使新移民在将来逐渐享有这些权利。再比如，这次办法延续2014年7月《国务院关于进一步推进户籍制度改革的意见》的分类，按城市人口规模实施差异化的落户政策，10多个城市作为城区人口500万以上的"特大城市"，将通过"积分落户制"严格控制人口规模。这其实是赋予了地方政府自设户籍门槛的权力。这就要防止地方政府通过不合理"积分落户"标准，固化壁垒。当然选择在这个日子公示一部与中国数以亿计的流动人口利益息息相关的管理办法，意味深长。宪法的生命在于实施，宪法的权威也在于实施。我们应该相信宪法里那些金灿灿的字眼正在走进公民的日常生活，成为每个公民权利的直接源泉，成为孩

第四章　社会转型期义务教育阶段随迁子女就学权治理

子就近入学的不可推托的理由。信仰宪法的力量，相信改革的力量。[①]（值得强调的是：党的十八届四中全会提出："坚持依法治国首先要坚持依宪治国，坚持依法执政首先要坚持依宪执政。"中国的"宪治"完全不同于西方的"宪政"。在权益主体利益等方面有本质的区别。）路远任重，随着人类的不断进步，我们有理由也应该相信社会的发展转型期带来的民众的自发自觉与流动人口随迁子女就学权各类主体（随迁子女相关权益人、政府及社会等）在中国特色社会主义道路上共同追求和谐治理的美好未来。

---

① 徐明轩：《在宪法日看"居住证"改革》，《新京报》2014年12月5日，第2版。

第五章

就学权保障重要政策法规研读

第一节 公平有质量视野下的国家及省市学前教育政策比较研究

学前教育作为国民教育体系的重要组成部分，是重要的社会公益事业，对人的终身学习和发展具有重要意义。在学前教育阶段如何办好公平而有质量的教育是我们教育人及相关社会主体必须面对的现实。习近平同志在党的十九大报告中指出，中国特色社会主义进入新时代，中国社会主要矛盾已经转化为人民日益增长的美好生活需要和不平衡不充分的发展之间的矛盾。解决"入园难""入园贵""保教不均衡"等问题已经成为加快发展学前教育，推进教育现代化的必然要求。为办好并匹配符合重庆直辖市的公平有质量的学前教育，重庆市在2017年年末接连出台了学前教育两大重磅文件，分别是《重庆市人民政府关于第三期学前教育行动计划的实施意见》（渝府发〔2017〕48号）（以下简称"意见"）、《重庆市人民政府办公厅关于印发2017—2018年度加快发展主城区普惠性学前教育工作方案的通知》（渝府办〔2017〕35号）（以下简称"通知"）。根据意见、通知，到2020年年底，重庆市学前三年毛入园率达到90%以上，普惠率达到80%以上，公办幼儿园占比达到50%以上。主城区公办幼儿园占比达到50%以上，普惠率达到70%以上。本书围绕意见、通知亮点、中国及重庆市学前教育政策重要指标发展历史比较、重庆市及周边同生态位省市情况比较等加以解读及归类梳理分析

第五章 就学权保障重要政策法规研读

研判。

一 政策背景

党的十八届五中全会提出"发展学前教育，鼓励普惠性幼儿园发展"的要求进一步推进学前教育改革发展。经国家教育体制改革领导小组会议通过，决定2017—2020年实施第三期学前教育行动计划；《教育部等四部门关于实施第三期学前教育行动计划的意见》（教基〔2017〕3号）强调各地要深刻认识实施三期行动计划的重要意义，保持学前教育的良好发展势头，切实履职尽责，坚定不移，持续推进学前教育改革发展，努力回应人民群众对接受良好学前教育的期盼。党的十九大指出"推动城乡义务教育一体化发展，办好学前教育，努力让每个孩子都能享有公平而有质量的教育。"重庆市委、市政府主要领导也高度关心学前教育的发展并作出相关指示。同时，近年全国及重庆市，尤其是主城区入园难、入园贵及城乡差异大、保教质量不均衡等问题尤其突出，百姓反映呼声强烈，学界及政府教育主管部门也非常关注。

既如此，为适时满足百姓对公平有质量的学前教育的需求，回应人民日益增长的美好生活需要和不平衡不充分的发展之间的矛盾；在《国家中长期教育改革与发展规划纲要（2010—2020年）》及《重庆市中长期城乡教育改革和发展规划纲要（2010—2020年）》既定目标冲刺期，在政策制定的明显窗口机遇期，为深入贯彻党的十九大精神，坚持以习近平新时代中国特色社会主义思想为指导，全面落实习近平总书记视察重庆重要讲话精神，切实增强四个意识，紧紧围绕统筹推进五位一体总体布局和协调推进四个全面战略布局，坚持以人民为中心的发展思想，全面贯彻党的教育方针，落实立德树人根本任务，为加快构建覆盖城乡、布局合理、公益普惠的全市学前教育公共服务体系，重庆市以市政府及市政府办公厅的高规格名义及时出台下发了意见及通知。

二 政策系统

从学前教育政策制定的政策主体、政策客体及政策环境这一政策系统而言，本次意见及通知是重庆市教委为牵头部门，并协调其他相关部门基础上，经过多次专家的论证及反复研判而作出的决策，充分保证了这一政策制定的政策主体决策的科学性。同时这两大学前教育政策也是经过对不同类型的学前教育办学主体机构等政策客体对象的深入实地调研，征求相关对象的意见基础上得出的成功结晶和重大研判。加上相关学前教育政策制定的环境具备。在此基础上，重庆市学前教育政策意见及通知应运而生。

三　政策内容

（一）基本原则

本次意见坚持以下三大基本原则：一是注重科学规划。针对目前重庆市渝东北、渝东南地区、渝西地区及主城区实际，科学规划全市学前教育资源布局，优化全市学前教育结构。二是坚持公益普惠。将公办幼儿园全部办成普惠性幼儿园，积极引导和扶持民办幼儿园提供普惠性服务。三是强化机制建设。落实各级政府发展和监管学前教育的主体责任，建立健全体制机制，提高学前教育综合治理能力。

（二）主要目标

到 2018 年年底，重庆市学前三年毛入园率达到 87% 以上，普惠率达到 78% 以上，公办幼儿园占比达到 46% 以上。主城各区（含两江新区，下同）通过新建、改建、回购、回收等多种方式，新增公办幼儿园 332 所；新增普惠性民办幼儿园 50 所；新增幼儿园学位 1.9 万个；公办幼儿园占比达到 30% 以上，普惠率达到 60% 以上。到 2019 年年底，重庆市学前三年毛入园率达到 89% 以上，普惠率达到 79% 以上，公办幼儿园占比达到 48% 以上。主城区公办幼儿园占比达到 40% 以上，普惠率达到 65% 以上。到 2020 年年底，重庆市学前三年毛入园率达到 90% 以上，普惠率达到 80% 以上，公办幼儿园占比达到 50% 以上。主城区公办幼儿园占比达到 50% 以上，普惠率达到 70% 以上。

（三）重点任务

本次意见包括五大重点学前教育任务，即大力发展公办幼儿园和普

第五章　就学权保障重要政策法规研读

惠性民办幼儿园；全面落实城镇小区配套幼儿园建设管理要求；科学理顺学前教育管理体制和办园体制；切实加强幼儿园师资队伍建设；着力加大幼儿园日常监管和业务指导。

（四）分担机制

意见明确指出重庆市各区县政府是发展学前教育的责任主体，要建立和完善学前教育联席会议制度，整合各部门力量共同破解长期制约学前教育发展的体制机制问题。主城各区政府要认真落实市级统筹、区县为主、乡镇参与的学前教育管理体制；各区县要编制本地第三期学前教育行动计划，把行动计划的实施列入政府民生实事和有关部门的年度目标任务，确保各项工作落到实处。各级教育行政部门每年要对学前教育行动计划实施情况进行督促检查，并将实施情况报同级政府及上级主管部门。教育、发展改革和财政部门、规划、国土房管、城乡建设部门、卫生计生部门、食品药品监管部门、国资等单位明确职责确保重庆市学前教育政策落到实处。

（五）师资保障

意见强调：幼儿园教师配备和工资待遇保障机制要基本建立。完善幼儿园教师师德师风建设长效机制。完善学前教育师资培养培训体系。继续实施学前教育公费师范生定向培养计划，2017年内启动公费男幼师培养计划，支持通过多种方式为农村和边远贫困地区培养补充合格的幼儿园教师。到2020年，基本实现幼儿园教师全员持证上岗。公办幼儿园教职工数与幼儿数的比例控制在1∶8—1∶10，每班原则上应配备专职教师2—2.5名。

（六）经费保障

加大经费投入。按照非义务教育成本分担的要求，建立与管理体制相适应的生均拨款、收费、资助一体化的学前教育经费投入机制。市级有关部门要统筹中央和市级学前教育专项资金，重点支持公办幼儿园建设和普惠性民办幼儿园发展。各区县政府要确保学前教育生均财政投入超过全国平均水平，确保财政性学前教育投入占财政性教育总投入的比例超过全国平均水平。适时适当分区域调整公办幼儿园收费标准和普惠性民办幼儿园收费认定标准。完善学前教育资助政策。

(七) 监管指导

意见还明确：强化督查考核。重庆市考核办和市级有关部门要将第三期学前教育行动计划目标任务完成情况纳入年度区县党政领导班子和党政主要领导教育实绩考核内容。相关督导结果报国家有关部门审核认定并向社会公布。完善幼儿园质量评估体系，将各类幼儿园全部纳入评估范围。完善幼儿园动态监管机制。加强幼儿园经费使用和收费行为监管。同时加强学前教育教研工作，督促和指导幼儿园贯彻落实《幼儿园工作规程》（教育部令第39号）和《3—6岁儿童学习与发展指南》（教基二〔2012〕4号），完善市级、区域、园际及园本教研制度。鼓励城乡幼儿园结对帮扶、对口支援，引导城乡之间、园所之间建立发展共同体，推进学前教育均衡优质发展。改善薄弱幼儿园办园条件，为幼儿创设丰富多彩的教育环境。

四 比较研判

(一) 政策比较

表5—1　　　　国家及重庆学前教育重要政策指标任务比较

年度政策	目标年度	毛入园率	普惠率	公办幼儿园占比	重要政策表述
2010年国家纲要	2020年目标	学前一年毛入园率95%、学前两年毛入园率80%、学前三年毛入园率70%	基本普及学前教育：普及学前一年教育，基本普及学前两年教育，有条件的地区普及学前三年教育	大力发展公办幼儿园	实现更高水平的普及教育。形成惠及全民的公平教育。坚持教育的公益性和普惠性。建立政府主导、社会参与、公办民办并举的办园体制

第五章 就学权保障重要政策法规研读

续表

年度政策	目标年度	毛入园率	普惠率	公办幼儿园占比	重要政策表述
2010年重庆纲要	2020年目标	90%	普及学前三年教育	建立普及学前教育工作推进机制，着力扩大普惠性学前教育资源	坚持公益性、普惠性原则，完善政府主导、社会参与、公办民办并举的办园体制
2017年国家意见	2020年目标	85%	80%左右	大力发展公办幼儿园	发展学前教育，鼓励普惠性幼儿园发展。坚持公益普惠。公办民办并举。基本建成广覆盖、保基本、有质量的学前教育公共服务体系
2017年重庆意见	全市2018年目标	87%以上	78%以上	46%以上	学前教育是重要的社会公益事业。坚持公益普惠
	全市2019年目标	89%以上	79%以上	48%以上	
	全市2020年目标	90%以上	80%以上	50%以上	
	主城2018年目标	按照普及率达到100%进行的测算	60%以上（"方案"表述:64.4%）	30%以上	
	主城2019年目标	按照普及率达到100%进行的测算	65%以上	40%以上	
	主城2020年目标	按照普及率达到100%进行的测算	70%以上	50%以上	

从表5—1分析得出：重庆市2017年年底制定出台的"意见""通知"完全是在国家纲要、重庆纲要及2017年"国家意见"的基础上科学调研、研判得出的预测。以三大指标毛入园率为例：国家纲要规定的学前一年毛入园率95%，学前三年毛入园率约为70%左右，而重庆市早在2010年的重庆纲要就表述为90%，国家2017年意见也是85%，所以

89

重庆市制定的全市90%以上的毛入园率数据是合乎情理与西部直辖市实际的；就普惠率指标而言，国家2017年意见就表述为80%左右，重庆市作为国家特大中心城市及西部直辖市，在2017年意见中全市2020年目标表述为80%以上，并主城达到70%以上的水平也是完全符合实情的，既不冒进，也需努力；就主城区公办幼儿园占比达到50%以上这一比例而言，尽管国家纲要及相关意见没有明确表述，但是按照前述两大指标的科学预测，并按照国家2017年意见中的表述"普惠性幼儿园覆盖率指公办幼儿园和普惠性民办幼儿园在园幼儿数占在园幼儿总数的比例"，和目前学前教育发展态势应该能够达到预测目标。

（二）省市比较

表5—2　　国家部分省市（省会城市）及重庆重要政策指标任务比较

年度政策	目标年度	毛入园率	普惠率	公办幼儿园占比	重要政策表述
2017年《贵州省第三期学前教育行动计划实施意见》	2020年目标	90%	80%左右	重点支持公办幼儿园	基本建成广覆盖、保基本、兜底线、有质量的学前教育公共服务体系；重点支持公办幼儿园和普惠性民办幼儿园发展
2017年《武汉市第三期学前教育行动计划（2017—2020年）》	2020年目标	2016年年底已经达到88.95%。2020年达到92%以上	到2020年，公办幼儿园和普惠性民办幼儿园在园儿童比例达到80%以上，农村地区公益普惠性幼儿园覆盖率达到90%	全面提高公益普惠性幼儿园覆盖率	到2020年，重庆市学前教育公益普惠程度、公平普及程度、均衡优质程度、发展保障程度、群众满意程度持续提高，建成与现代化教育名城发展目标相适应的学前教育公共服务体系，学前教育综合发展水平在中国中部地区领先，进入全国同类城市先进行列

第五章 就学权保障重要政策法规研读

续表

年度政策	目标年度	毛入园率	普惠率	公办幼儿园占比	重要政策表述
2017年《四川省第三期学前教育行动计划（2017—2020年）》	2020年目标	2016年达到79.6%。2020年85%以上，民族自治地区80%以上	80%左右	实施公办园建设工程	坚持"注重科学规划、坚持公益普惠、强化机制建设、提升保教质量"的基本原则，基本建成广覆盖、保基本、有质量的学前教育公共服务体系
2017年《成都市第三期学前教育行动计划（2017—2020年）》	2020年目标	2016年达到98.89%。2020年99%以上	公办和公益性幼儿园学位覆盖率达85%以上，普惠性幼儿园覆盖率（公办幼儿园和普惠性民办幼儿园在园幼儿数占在园幼儿总数的比例）达80%以上，全市优质学前教育资源覆盖率（二级园以上在园幼儿数占在园幼儿总数的比例）达70%以上	实施公办园建设工程	坚持"以公共财政投入为主、以公办和公益性幼儿园为主"的发展原则，以"扩大总量、调整结构、提升质量、健全机制"为重点，进一步扩大学前教育资源总量

续表

年度政策	目标年度	毛入园率	普惠率	公办幼儿园占比	重要政策表述
2017年《合肥市第三期学前教育行动计划实施方案（2017—2020年）》	2020年目标	98%	85%	公办幼儿园在园幼儿比例达50%	基本建成广覆盖、保基本、有质量的学前教育公共服务体系
2017年《陕西省第三期学前教育行动计划（2017—2020年）》	2020年目标	96.01%左右	85%	继续加大公办幼儿园建设	大力推进全省学前教育的公益性和普惠性，基本实现学前教育的"标准化、规范化、信息化"
2018年《北京市第三期学前教育行动计划》	2020年目标	85%以上	80%以上	支持优质公办幼儿园通过租赁场地等方式建分址、分部	基本建成广覆盖、保基本、有质量的学前教育公共服务体系。无证办园现象基本消除，学前教育管理科学规范
2017年重庆意见	全市2018年目标	87%以上	78%以上	46%以上	学前教育是重要的社会公益事业。坚持公益普惠
	全市2019年目标	89%以上	79%以上	48%以上	
	全市2020年目标	90%以上	80%以上	50%以上	
	主城2018年目标	按照普及率达到100%进行的测算	60%以上（"方案"表述：64.4%）	30%以上	

第五章 就学权保障重要政策法规研读

续表

年度政策	目标年度	毛入园率	普惠率	公办幼儿园占比	重要政策表述
2017年重庆意见	主城2019年目标	按照普及率达到100%进行的测算	65%以上	40%以上	学前教育是重要的社会公益事业。坚持公益普惠
	主城2020年目标	按照普及率达到100%进行的测算	70%以上	50%以上	

从表5—2分析得出：重庆市结合实际制定了三年分年度具体目标，任务分解细致科学；其他省市较少按年度细化目标任务。同时，除了四川省学前教育政策意见指标稍低或者接近重庆市指标，其他省市，比如贵州等省市都与重庆指标相当，武汉、成都、合肥等省会中心城市及陕西省等甚至高于重庆指标。尽管较少城市出现公办幼儿园占比数据，但是出现的省市城市中合肥就明确表示公办幼儿园在园幼儿比例达50%，由此可见，重庆市制定的公办幼儿园占比不管主城还是全重庆市50%的指标并非较高。同时与首都北京相比，我们发现由于北京具有大量的流动人员子女及相应的边远城区或者乡村存在，北京市的学前教育指标某种意义上与重庆相关指标接近。当然，由于重庆市特有的大城市带大农村、大山区、大民族地区和大库区的实际现状，相关指标不是太高也应该是符合重庆实际的。

五 政策展望

综上分析，我们可以明确重庆市制定的《重庆市人民政府关于第三期学前教育行动计划的实施意见》《重庆市人民政府办公厅关于印发2017—2018年度加快发展主城区普惠性学前教育工作方案的通知》相关研判是科学、准确、合理的，相关目标既是可行，也是可能的。从两大政策内容可以知道，其内容决策及出台的过程很好地遵循了程序科学、决策民主的法治流程。特别值得肯定的是重庆市"意见"明确将"学前教育是重要的社会公益事业"写入政策文件，充分体现了重庆市对学前教育的高度重视和科学判断。2018年重庆市两会和2018年的全国"两会"上，诸多代表委员也高度关注学前教育话题，也充分印证了重庆《意见》及《通知》的研判。综上可见，在重庆市学前教育政策制定的关键"窗口期"，重庆市人民政府顺应百姓诉求，及时在2017年年末出台了学前教育领域惠民百姓的《意见》《通知》两大关键政策。为此，我们期待《意见》《通知》精神在重庆大地真正落地，持续提升重庆市学前教育质量，确保幼有所育、学有所教，也期待其他省市努力让每个孩子都能享有公平而有质量的学前教育，增强人民群众对教育的获得感和幸福感，并在政策执行过程中加强执行力与监控力，让学前教育之花在中国绽放得更加美丽灿烂。

第二节 "让每一个孩子都能有学上"之《中华人民共和国义务教育法》亮点聚焦

　　基于人本思想、平等思想、均衡思想、和谐思想与集时代性、系统性、可操作性、强制性、义务性于一体的新义务教育法的诞生是中国教育发展史上的一件大事，也是教育法学史上的一件大事。

　　随着中国经济社会的发展，义务教育在提高公民素质、构建和谐社会、全面建设小康社会中的地位与价值在不断加强，其作用日益凸显。同时，中国义务教育既面临着难得的发展机遇，也面临着新的问题与挑战。1986年制定的《义务教育法》的一些条款与实践已有较大的差距，义务教育发展中面临的经费问题、法律责任问题、发展不平衡问题、特殊群体受教育权的保障问题等，需要新的解决机制与方法；党中央、国务院制定的一系列有关义务教育的重大制度、措施，以及义务教育实施中形成的经验，需要得到法律的确认；在教育改革和发展中的好的做法，

第五章　就学权保障重要政策法规研读

也需要总结。基于种种原因，2016年6月29日修订的《中华人民共和国义务教育法》在十届全国人大常委会第二十二次会议上审议通过，并于2016年9月1日正式施行。相比实施了20年的老《中华人民共和国义务教育法》，全程参与新义务教育法制定过程的全国人大常委会副委员长许嘉璐认为，这部新法突出了一个根本目标——让每个孩子都能有学上。2016年8月11日，许嘉璐在做客央视《决策者说》栏目时说，当这部凝聚了许多人心血的新法最终以高票通过后，他感到心里一块石头落了地。他同时又指出："今后这个法能否按照立法本意，真正、完全地贯彻实施，与配套的法规和规章能不能及时出台有关。而且，即使出台了，人们是不是能把握住'义务教育'这一法律的核心精神，不怕任何困难，排除很多的阻挠去落实它，还是一个有待观察的事情。"那么，这样一部众人瞩目、翘首期盼、费尽心血的《中华人民共和国义务教育法》究竟有何亮点，具体体现在何处？恐怕正是诸学人、法律界人士、教育工作者、学生及家长等高度关注的问题。基于此，拟就2006年新《义务教育法》的亮点作如下探讨：

亮点一：从18条到63条，在中国教育法学史上是一次质的飞跃，具有里程碑式的意义。

新《义务教育法》第一次把素质教育写进法律，第一次将问责制写进与教育相关的法律。如果说1986年颁布的第一部直接与义务教育相关的法律《义务教育法》在中国奠定了义务教育制度，那么，2006年颁布的新《义务教育法》则确定了义务教育思想，这是20年积淀的质变。

1986年《义务教育法》是根据《中共中央关于教育体制改革的决定》起草并制定的。由于当时教育立法刚刚起步，时间仓促，再加上立法经验欠缺，只有原则性的18条法律条文。从20年前的18条到今天的63条，新《义务教育法》体现了中国教育立法水平、立法技术和立法质量质的飞跃。

可以说这部法律在实施素质教育、义务教育均衡发展和人的全面发展等方面，作出了一系列制度创新，以法律的形式规定了中国九年义务教育的性质、培养目标，明确了义务教育的管理体制和经费保障机制。这些都具有开创性。

从教育法制建设角度看，新《义务教育法》的出台也是中国教育法制建设一个重要的标志。新《义务教育法》总结了《义务教育法》实施20年来的历史经验教训，对《义务教育法》作了一次全面的、重大的修改。从义务教育发展来看，关乎整个民族素质的提高和民族的复兴，对整个教育的发展具有奠基性意义和深远的历史作用，是义务教育的一个新的里程碑。新修订的《义务教育法》于2006年9月1日已经正式实施，这是中国义务教育发展进程中具有里程碑意义的大事，有着重大的现实意义和深远的历史意义。相信新修订的《义务教育法》的实施，必将为进一步落实教育优先发展的战略地位，为义务教育的发展提供有力的法律保障。

亮点二：由中央、地方财政负担义务教育经费支出的规定是新《义务教育法》的突出亮点。

困扰中国义务教育的一个根本问题是义务教育经费投入总量不足，也是本次法律修订最重要的关注点之一。在第六章经费保障中总共用了9条（第四十二条至第五十条）表述义务教育经费事宜。"这样，政府和家长两方的义务都得到了明确，保证了孩子的上学机会，"许嘉璐认为，"由于国家的财力和国家教育文化水平的局限，以前的义务二字没有完全做到，包括很多地方没有普及九年义务教育，有很多孩子辍学，即使完成了九年义务教育，也由于地区不平衡，城乡不平衡，教学质量无法达到要求。"

作为中国第一部义务教育法，1986年实施的《义务教育法》对免费的表述是"对接受义务教育的学生免收学费"，并没有像其他国家一样，直接将义务教育定为免费。同时在1992年3月14日发布的《义务教育法》实施细则中，更是明确规定实施义务教育的学校可收取杂费，这

第五章 就学权保障重要政策法规研读

样,杂费以各种名目出现在学生的缴费单上,甚至使学生家庭不堪重负。而今的新《义务教育法》由中央与地方财政来负担义务教育支出的规定是新《义务教育法》的突出亮点。这样,政府和家长两方的义务都得到了明确,保证了孩子的上学机会。

可以说,新《义务教育法》回归了义务教育免费的本质。免费教育是义务教育的本质特征,免费的步骤可以根据国情来分步实施,但必须坚持免费的特点。公益性是整个教育事业的特征,义务教育要更彻底一些,不仅仅是普及的、强制的,还应该是免费的。新《义务教育法》在免费教育上又迈出了一大步,在1986年不收学费的基础上增加了不收杂费的内容。中央财政将从今年开始,用两年时间免除农村地区义务教育阶段的杂费;城市地区还要深入调查研究、制定方案、加快进程。

同时,新的《义务教育法》确立了义务教育经费保障机制。再一次明确了义务教育经费的"三个增长";建立农村义务教育经费的分担机制,分项目、按比例分担;义务教育经费预算单列;规范义务教育的专项转移支付;设立义务教育的专项资金。通过这样几个渠道,建立起义务教育比较完善的经费保障机制。

亮点三:取消重点学校和非重点学校,取消重点班和非重点班的做法顺应民心。

新《义务教育法》中有一点引起众多学生及家长高度关注,即学校不得被分为重点学校和非重点学校,学校不得分设重点班和非重点班,新法强调义务教育阶段学校的均衡发展,使所有的学生都能享受到良好的、平等的教育。

在第七章第五十三条明确指出:县级以上人民政府或者其教育行政部门有下列情形之一的,由上级人民政府或者其教育行政部门责令限期改正、通报批评;情节严重的,对直接负责的主管人员和其他直接责任人员依法给予行政处分:(一)将学校分为重点学校和非重点学校的;(二)改变或者变相改变公办学校性质的。

根据了解，2006年发达城市北京的重点小学收取的择校费最高达10万元，西部城市重庆市的最好的重点初中学校收取的择校费最高也达到3.5万元。我们知道能承受巨额择校费的家长毕竟有限，而更多的学生是就近入学。那么，重点初中及小学的优质资源对缴不起择校费的学生而言就是一种不公平。这就违背了义务教育的公益性立法宗旨。其实，随着中国对义务教育阶段法制管理的逐步完善，在北京、重庆等地重点小学重点初中实际上早已不存在了，它与重点高中剥离后，已不再是严格意义的重点学校，有的打政策擦边球办"校中校"，有的已经划给地方办学，有的成了民办公助或公办民助学校。但是，很多学校的"重点"声誉来自多年的积累。所以，要实现教育资源的均衡，关键是实现学校师资水平的均衡。不过，从长远来看，在义务教育阶段教育资源的均衡配置迟早会得到解决。

可以说在义务教育阶段取消重点学校和非重点学校，取消重点班和非重点班的做法合乎民意、顺应民心。

亮点四：进一步完善了义务教育的管理体制，强化了省级的统筹实施。

新《义务教育法》一个很大的突破，就是在原来"以县为主"管理体制的基础上，进一步加大了省级政府的统筹和责任，实践着从"人民教育人民办"到"义务教育政府办"的转变。原来由于乡镇一级难负其责，就将统筹责任放到县一级；现在县级也无力承担，事业的发展必须要加大省级的责任。对教育的均衡发展、加大对农村教育经费保障的力度、加强对贫困地区的支持而言，省级的统筹非常重要，这也是新《义务教育法》的一大亮点。

在第一章总则第七条明确规定：义务教育实行国务院领导，省、自治区、直辖市人民政府统筹规划实施，县级人民政府为主管理的体制。县级以上人民政府教育行政部门具体负责义务教育实施工作；县级以上人民政府其他有关部门在各自的职责范围内负责义务教育实施工作。

第五章 就学权保障重要政策法规研读

亮点五:有力保障接受义务教育的平等权利。

新《义务教育法》强调了对非户籍所在地,特别是流动人口子女接受义务教育的问题;确定了流动人口子女居住地人民政府要为他们提供平等接受义务教育的条件,这将会对城市化进程的平稳推进起到关键性作用。对于农民到城里打工,他们的孩子在城里上学,这也是一个"难题"。在这个方面,新的《义务教育法》就规定当地的人民政府要对外来人员的儿童在本地区接受义务教育提供平等的条件。这也很好地体现了人本思想与和谐思想。

在第二章第十二条明确指出:适龄儿童、少年免试入学。地方各级人民政府应当保障适龄儿童、少年在户籍所在地学校就近入学。父母或者其他法定监护人在非户籍所在地工作或者居住的适龄儿童、少年,在其父母或者其他法定监护人工作或者居住地接受义务教育的,当地人民政府应当为其提供平等接受义务教育的条件。具体办法由省、自治区、直辖市规定。县级人民政府教育行政部门对本行政区域内的军人子女接受义务教育予以保障。

亮点六:建立了义务教育新的教师职务制度。

过去我们中小学的教师职务序列是中、小学分设,中学的初级、中级、高级与高校的助教、讲师和副教授等相对应,而小学则达不到。新《义务教育法》将义务教育阶段的教师职务序列打通,小学和中学的差别不复存在,初级、中级、高级都与助教、讲师和副教授等相对应,小学教师也可以评高级职称,对小学教师是很大的鼓励。实际上,过去设立的在小学任教的中学高级教师的职称是不规范的。这一新规定对调动广大教师的积极性,发挥聪明才智都是一个很大的激励。特别是让小学教师看到了自身发展提高的前景。

在第四章第三十条中规定教师应当取得国家规定的教师资格。国家建立统一的义务教育教师职务制度。教师职务分为初级职务、中级职务和高级职务。

　　任何法律的生命均在于实施,一部法律不管它怎么完备,如果不能得到实施,都是一纸空文,始终是一部"软法",新《义务教育法》亦然。当然,我们在看到新《义务教育法》突出亮点的同时,也要对义务教育法实施过程中可能碰到的困难和问题有比较清醒的认识。新《义务教育法》还有待时间与实践的检验,我们既要看到艰巨性和复杂性,同时也要树立信心,在新的历史起点上、新的背景下,不断推进义务教育的健康发展。诚挚期盼"每一个孩子都能有学上"!

第六章

就学权相关咨政研究

第一节 受教育权视野下民族地区校园文化建设研究[*]

弱势儿童受教育权的福利权侧重于从相对方所履行的"义务"中接受协助与服务的权利。因而,儿童受教育权利的真正实现仅有儿童主体的自由选择和要求是远远不够的,关键在于相对方义务的履行程度。[①] 2006年修订的《中华人民共和国义务教育法》第五条及第六条明确规定:各级人民政府及其有关部门……社会组织和个人应当为适龄儿童、少年接受义务教育创造良好的环境。国务院和县级以上地方人民政府应当合理配置教育资源……保障农村地区、民族地区实施义务教育。民族地区基础教育是教育的重要组成部分,它直接决定学生后续学业的成功发展,也同时决定着学生的社会化和对本民族的认同感。为此,从义务教育阶段学生弱势儿童群体的受教育权利角度对民族地区基础教育阶段学校校园文化建设及政策法规保障相关方面予以探究显得很有必要,对于保障民族地区相应的流动儿童及留守儿童等弱势群体学生受教育权益有着重要的现实意义,同时对于教育公平与教育均衡发展的重要性也不

---

[*] 本节部分内容材料系西南大学西南民族教育与心理研究中心2010级博士研究生姚佳胜提供。

[①] 劳凯声:《变革社会中的教育权与受教育权:教育法学基本问题研究》,教育科学出版社2003年版,第189页。

言而喻。

一 教育与权益：民族地区校园文化建设与弱势儿童群体的关系

（一）教育规律之必然

我们知道，校园文化属于学校的隐性课程，同每天所上的显性课程一样对学生的身心发展起着重要的影响作用。"隐性课程是以间接、内隐的方式呈现的；学生在隐性课程中获得的主要是非学术性知识，即一些非智力因素；隐性课程是通过学校环境（包括物质、社会和文化体系）所负载的信息渗透，使学生在无意识的心理状态下实现'文化心理层'某些方面的改变；学生在课堂教学中不仅学习有目的、有计划传授的学科知识，而且也学习没有被正式列入课程计划的许多内容，如情感、信念、意志、行为和价值观等。"① 校园文化环境时刻影响着处于其中的每名学生。由于基础教育阶段的学生身心发展尚未成熟，不管是少数民族地区的学生，还是民族地区的弱势儿童群体学生都极易受到周围环境，尤其是其长期所处的校园文化环境的影响。实际情况是随着基础教育阶段学校布局调整的推进和寄宿制学校的不断增加，民族地区学生与本民族文化载体的交流明显减少，学生在校时间比重加大，学校的校园文化对学生的影响明显增强。

（二）形势使然

当下民族地区儿童，尤其是弱势儿童群体所在学校校园文化建设不容乐观。随着社会发展，社会的变革，伴随着社会人口流动的增大而带来学校学生生源的复杂化，使校园文化的建设具有更加重要的意义。中国当今正处于城市化阶段，随着进城务工人员工作的持续和稳定，农村人口不断向城镇转移，并且这种趋势可能进一步增强。"相关数据的回归结果表明，刘易斯转折点在人均 GDP 为 3000 美元至 4000 美元出现。中国的人均 GDP 已经超越了这一水平，但农业劳动力比重远高于该经济

---

① 何云峰：《隐性课程的理论探讨》，《教育理论与实践》2010 年第 2 期。

第六章　就学权相关咨政研究

发展水平下的世界平均水平,这很可能意味着中国的农业劳动力转移仍有较大潜力。"① 而随着劳动力的转移,接着便是学生就学的转移。随着民族地区学生人数的减少,为了提高教育教学的质量,合理利用教育资源,对学校进行重新布局调整,并且有许多学校实行了寄宿制,这使许多学生长期远离自己一直生长的民族文化环境,缺少了民族文化滋养。而学校带来生源的多样性。他们有不同的性格特征、家庭社会背景和民族文化传统等。学校文化环境建设的成功与否将会直接影响这些学生,尤其是民族地区学生对新环境的适应程度和本民族文化传统的继承、发展甚至对本民族的文化认同。"学校的一切教育行为都不可避免会传授给学生好的或坏的价值观标准,无论是书本课程还是行为课程中的规则、角色和关系都或多或少地对学生的价值观念和品格具有潜在影响,且这种影响既有正面的也有负面的,问题不是怀疑价值观标准本身,而是怎么将这种教育做得更好"②。

由于受到资金投入的限制、教育观念的限制以及应试教育的培养思路的限制等,相关地方教育行政主管部门或学校几乎把全部精力都用在几门考试科目的笔试成绩提高上来,忽略了学生生活的校园生态文化建设,使学生陷入了枯燥的校园学习生活,特别是对相应的流动儿童及留守儿童等弱势群体的受教育权利保障影响较大,严重影响了学生的全面发展,不利于学生的健康成长。因此,加强民族地区学校校园文化建设极其必要,对于保障民族地区弱势儿童群体受教育权益实现很有意义。

二　以生为本:民族地区义务教育阶段校园文化建设的原则

为了更好地保障民族地区义务教育阶段学生受教育权利良好实现,需要结合民族地区学校自身特点实际,同时民族地区学校校园文化建设

---

① 汪进、钟笑寒:《中国的刘易斯转折点是否到来:理论辨析与国际经验》,《中国社会科学》2011年第5期。
② [美]托马斯·里克纳:《美式课堂:品质教育学校方略》,刘冰、董晓航、邓海平等译,海南出版社2001年版,第63页。

要遵循一定的原则，主要应该包括以民族地区儿童为本、艺术与实用相结合、民族文化与主流文化相结合的原则。

（一）以民族地区儿童为本

以人为本是学校校园文化建设的基本原则，也是学生受教育权利的核心价值观体现。首先是以学生为本，要从学生的全面发展、成功社会化、健康成长的角度出发，本着一切为了学生，为了学生的一切，来服务于学生，教化学生、培养学生。对于民族地区校园文化建设而言，就是以民族地区的儿童，尤其是以弱势儿童群体为本。教师具体要做到全面充分地理解学生，在充分了解学生的家庭背景以及学生自身的性格特征的基础上对学生进行有针对性的教育，做到真正的因材施教。在学校校园文化的建设过程中要广泛地征求学生的意见，结合学生的身心发展特点，认真分析学生意见的利弊得失，充分满足学生的合理要求。其次，校园建设要以教师为本，因为以教师为本就是以学生为本的体现。要充分考虑教师在校园文化建设中的参与权和决策权，教师每天工作在教育的第一线，对学校的校园文化建设有其独到的见解，同时要考虑为教师营造一个舒适而积极向上的氛围。在校园文化建设中切莫人云亦云和以一人的想法做片面的决定。

（二）实用与艺术相结合

实用是学校基础建设首先应遵循的原则，尤其在中国广大的西部民族地区，教育经费依然存在很大的不足，学校的基础设施建设依然不太乐观。民族地区一些偏远山区校舍安全状况不达标，教育设施不健全依然存在。因此在学校建设过程中一定要坚持实用，避免浪费，提高资金的利用率，同时这也是对学生勤俭行为的一种无形的教育。在坚持实用的基础上还要充分考虑艺术的元素。艺术可以蕴含于学校有形的和无形的校园文化之中，"当代有关儿童发展的研究普遍认为，儿童是在特定背景中成长起来的，其发展过程及发展结果受到各种直接或间接外显或内隐的背景因素的影响，而创设富有美感的艺术环境则能将审美文化带入儿童与自我自然社会乃至整个和谐的生态环境的互动过程之中，从而

第六章　就学权相关咨政研究

使儿童在充满艺术元素的生存环境中受到全方位的发展支持。"[1] 同时一个充满艺术的环境有利于丰富师生的精神生活，陶冶学生的情操，增强学生的审美能力，提高学生思维能力。

（三）民族文化与主流文化相结合

民族文化与主流文化相结合是民族校园文化建设的一个重要原则。"在现代化过程中，每个民族都只能结合本民族的文化传统，同时吸取其他民族发展中的经验，走出自己的路。这条路既有普遍性（如现代化的科学技术的应用），又有特殊性（结合自己的文化传统和发展历史）。"[2] 落实到民族校园文化建设中，就要做到民族文化与主流文化的有效结合。主流文化代表社会未来发展的总体方向，任何一个群体都不是独立存在的，都与不同层次社会群体存有不同程度的联系。而民族文化对于民族学生来说则意味着更大的意义。在民族校园文化建设中民族特色文化一定要得到落实，要得到凸显，每个民族自己的文化都是伴随着民族的产生和发展而逐渐建立和完善的，它融合于生产生活之中，是每个人成长的文化之源。如果脱离本民族文化将不利于人的成长和发展。但是随着民族地区寄宿制学校的不断增多，学生与民族文化底蕴深厚的村落及亲人的交流明显减少，缺少了民族文化土壤的滋养，同时由于学生所处的年龄阶段又极易受到周围环境的影响，因此，学校中民族文化环境的丰富与否将直接影响学生的民族文化的熏陶和认同。此外，"文化多样性被视为是有价值的，不仅因为它可从'准美学'意义上创造一个更有趣的世界，而且因为其他文化包含了不同的社会组织选择模式，这对人们适应新情况也是十分有用的。"[3] 因此，应充分发挥各民族的优秀文化，丰富学校的校园文化，实现学生的健康成长、和谐发展。

---

[1] 王茜：《生态文化的审美之维》，上海世纪出版集团2007年版，第272页。

[2] 马戎：《重建中华民族多元一体格局的新的历史条件》，《北京大学学报》1989年第4期。

[3] ［加］威尔·金利卡：《多元文化的公民身份：一种自由主义的少数群体权利理论》，马莉、张昌耀译，中央民族大学出版社2001年版，第63页。

三　三管齐下：校园文化建设的途径

校园文化建设主要包括物质文化建设、精神文化建设和制度文化建设，他们三者之间存在密切的关系，其中物质文化建设是校园文化建设的基础和载体，精神文化建设是校园文化建设的核心，制度文化建设是校园文化建设的保障。

（一）物质文化建设

物质文化建设是蕴含于学校各种硬件设施之中的文化建设，这些硬件是学校中每个成员看得见、摸得着的实物，它们都附带着文化元素，对学生起着重要的影响作用。"教育社会学领域中'结构—功能'学派学者们认为，学校的建筑、空间位置（如教室、图书馆、操场的配备等），是一种能够对学生产生他们在正式课程中未接受的潜移默化的影响的潜在课程。民族学校的校园合理布局和校园的绿化，可以使学生心旷神怡，心情舒畅地投入学习和生活；图书馆（室）运动场等设施的完整配备，有利于学生充实和丰富自己的学习和生活。"① 在物质文化的建设过程中，首先，学校要有一个合适的校园空间，各种必备的设施要健全，这是保证学校正常运行的基本条件；其次要努力丰富学校的一些文体设施，这是培养学生广泛兴趣爱好的保证。民族地区学校的物质条件并不乐观，西部某省"中小学校舍安全工程"排查工作报告显示，在该省区"共排查中小学 20022 所，建筑单体 133654 栋，面积 5359.22 万 m^2。其中，达到安全标准校舍 23100 栋，面积 1917.32 万 m^2，占校舍总面积的 35.77%，需加固改造校舍 28429 栋，面积 1613.24 万 m^2，占校舍总面积的 30.1%，需拆除重建校舍 82125 栋，面积 1829.36 万 m^2，占校舍总面积的 34.13%。"② 关于类似问题的解决需要政府的极大关注并加强资金的投入，按照国家义务教育阶段的统一标准完善民族地区学校

---

① 滕星、张俊豪：《试论民族学校的校园文化建设》，《中央民族大学学报》（社会科学版）1997 年第 3 期。

② 钟阳：《西部农村中小学校舍安全工程之我见》，《建筑结构》2010 年第 6 期。

的基础设施建设,实现物质层面的教育公平。在学校的布置上,大到校园整体环境,包括校门、教学楼、操场等,小到班级的墙壁装饰,处处都要考虑到各民族的文化特点,增加其各种文化元素。例如教学楼和教室内可以张挂一些少数民族中的名人榜样,而不仅仅是一些世界名人,这样可以更贴近他们的文化、贴近他们的生活。竭力把握周全,使每名学生有一个舒适的身心成长环境。

(二)精神文化建设

校园精神文化是内化于教师和学生内心之中并外显于师生的精神风貌和指引师生行为举止的内在驱动力。良好的校园文化将以一种无形的力量指引和鞭策每一位师生和谐共处、积极上进。校园文化建设首先要设定一个所要达到的合理目标。这就要求学校领导和教师通过对本校的现实情况,学生的民族特点深入了解和认识,在民主平等交流的基础上设立学校未来精神文化发展的目标,并且随建设的过程中联系社会实际来调整建设的重点。然后把目标的实现落实于具体行动建设上,通过日常师生工作学习中的言谈举止、行为表现的规范和组织各种文体活动中不断促使师生形成良好的校风、教风和学风。建立起对师生良好行为的评价和鼓励机制。民族地区有许多学校融入了不同民族的学生,他们带来了不同民族丰富的文化,使学校拥有了丰富的民族文化资源。因此,学校要多开展一些民族文化活动,提供给每名学生展示其民族文化风采的平台,并进行公平的评价和相应奖励,鼓励学生踊跃参加。这样可以增加学生之间以及学生和教师之间的交流和相互学习的机会。丰富的学生文体生活,是增进学生文化知识和全面发展的有效途径,同时也有利于各民族学生友好相处和团结友爱,有利于增强学生民族认同和国家认同。此外,学校可以定期组织学生观看一些源于民族中优秀的、具有教育意义的影视文化作品,使学生在视觉享受中受到无形的教育。

(三)制度文化建设

教育就是要保障学生受教育权的良好实现,其目的是培养充分、自由、全面发展的人,是促进人性的完善,人格的健全。人是社会的动物,学校又是社会的一部分,是每个人成长过程中必须经历的学习、成长经历的一个阶段,不仅使学生获得丰富的科学文化知识,还培养学生形成正确的人生观、世界观、价值观。学校的制度建设是影响教育目的能否实现的重要保证,也是校园精神文化建设得以实现的重要条件。从师生的特点出发,以学生更好的学习、成长为出发点,完善学校必备的规章制度,建立起适合各民族教师和学生成长发展的制度体系,同时建立民主的管理和监督机制。坚持以人为本,进行人性化管理。教师和学生要平等地遵守学校的规章制度,教师要树立好的榜样。"儿童的心灵是敏感的,它是为着接受一切好的东西而敞开的。如果教师诱导儿童学习好榜样,鼓励仿效一切好的行为,那么,儿童身上的所有缺点就会没有痛苦和创伤地、不觉难受地逐渐消失。"① 教师要时刻关注每名学生的行为表现,将其不良的行为习惯得到及时的纠正,同时也要预测可能出现的一些不良行为,在教育教学的实践中不断地总结、进而完善班级和学校的学生行为规范及相应的管理规章制度。

四 内发外联:民族地区校园文化建设的政策法规机制保障

(一) 自上而下,政策引领

为了更好加强民族地区基础教育阶段学校的校园文化建设,破解民族地区教育公平发展的瓶颈,相关政府决策部门有必要在国家层面予以相关方向引领。为此,教育部、国家民委、财政部等国家部委牵头,会同相关领导专家成立民族地区基础教育阶段学校的校园文化建设调研组显得很有必要。目前,在教育方面,国家层面的《国家中长期教育改革和发展规划纲要(2010—2020年)》第九章第二十六款明确指出"重视和支持民族教育事业。加快民族教育事业发展,对于推动少数民族和民族地区经济社会发展,促进各民族共同团结奋斗、共同繁荣发展,具有

---

① [苏联]瓦西里·亚历山德罗维奇·苏霍姆林斯基:《要相信孩子》,汪彭庚译,教育科学出版社1981年版,第6页。

第六章 就学权相关咨政研究

重大而深远的意义。要加强对民族教育工作的领导,全面贯彻党的民族政策,切实解决少数民族和民族地区教育事业发展面临的特殊困难和突出问题。"第二十七款指出"全面提高少数民族和民族地区教育发展水平。公共教育资源要向民族地区倾斜。中央和地方政府要进一步加大对民族教育支持力度。加强民族地区寄宿制学校建设。加强教育对口支援。"为此,相关单位及部门应该本着民族教育大计的高度认真践行落实《纲要》精神,并形成联动,出台相应具体的配套政策。并通过多种途径,比如以行政角度向社会征集相应的实施方案,对民族地区基础教育阶段,尤其是义务教育阶段学校的校园文化建设进行相应现状调研和方向引领。

(二)横向联动,主动呼应

除了国家层面的调研指导、方向引领,各相关省市教育主管部门应该在国家层面的相应部门指导下,积极进行相应横向联动并会同相关单位联合负责落实调研意见,制定出适合本地民族地区各级教育阶段学校校园文化建设的政策法规制度,在经费、校园文化建设经验等方面予以充分保障。

(三)自动自发,内涵发展

教育的发展,不能一味地依靠外部的投入与支持。教育权利涉及主体发展意识的激发也非常关键。在教育主体的发展方面,可以这样讲,外部投入很重要,内部意识最关键。为此,民族地区义务教育等阶段学校文化建设的主体还是学校自身。相应地方教育政府主管部门及学校应该抓住国家西部大开发的大好政策及相应外部环境自动自发,从自身及本单位实际出发通过认真反思总结——制订本区域及自身校园文化建设实施方案,在主动的基础上争取外部环境的政策及资金扶持并积极做好内涵提升。

(四)政策支持,互相扶助

如前所述,在《纲要》中明确指出东中部教育发达省市要通过多种途径加大对西部及民族地区教育对口支援的力度,大力推进教育公平发展。为此，建议教育发达相关省市教育主管部门及相关学校及时跟踪帮扶学校，在义务教育等阶段校园文化建设等方面对口监控帮扶，及时总结经验不足，促进西部民族地区基础教育水平不断发展。

总之，从当前及未来社会发展的趋势来看，加强民族地区义务教育等阶段学校校园文化建设是实现学校教育目标的重要保障，可以充分保证民族地区的学生，尤其是弱势儿童群体受教育权利的良好实现。学校校园文化建设是一个长期而系统的工程，需要国家和地方有关部门引起足够的重视，针对不同民族地区的社会文化环境进行相应的学校校园文化建设，并且实行具体的指导和投入策略，切实建设好适合于民族地区义务教育等阶段每名学生身心健康发展的校园文化，促进教育公平和教育均衡发展。

第二节 《学校法》立法背景下工读学校现状及对策研究

所谓工读学校是指对有违法、轻微犯罪行为和品行偏常的未成年学生进行有针对性教育的半工半读学校，是普通教育中的特殊形式。正是因为其特殊，才使得了解这种学校类型的人不多；也正是因为其特殊，亦更突出其地位的独特性和重要。本书基于当前中国正在落实《国家中长期教育改革和发展规划纲要》精神及修订《中华人民共和国未成年人保护法》《中华人民共和国预防未成年犯罪法》的大背景下予以重点关注中国大陆工读教育，其研究意义自然得以凸显。同时在2008年以来一线调查实践基础上，拟通过系统研究工读学校办学现状，并就工读学校存在主要问题提出相应思考对策，以期为中国《学校法》建构和规范相应的学校制度提供理论和实践支持并就正于方家。

一 工读学校办学现状

通过采取专题访谈、专题座谈等方法对有代表性的典型工读学校个

第六章 就学权相关咨政研究

案进行专题调研,以期对当前工读学校办学现状作出合理的现状描述概括。具体调查案例情况如下:

选择直接访谈个案主要原因:

(1)区域代表性:位于西部直辖市,既非发达地区工读学校,也非落后贫困地区工读学校;

(2)招收生源代表性:女生工读学校与男生工读学校各一所;

(3)管理体制代表性:选取以正处于人事变动和人事正常的工读学校各一所。

直接访谈个案学校情况及主要采访对象:

(1)重庆市沙坪坝区工读学校:重庆市唯一招收女生的工读学校,又名重庆市沙坪坝区红槽房中学,学校成立于1962年11月23日,一直延续至今,是重庆市创建最早的工读学校之一,也是中国唯一一所从来没有中断办学的工读学校("文化大革命"时期照样开办)。调研时该校教师人事编制核编25人左右,在校工读学生最高达到104人,学校实行全封闭式管理,学校长年不放假。

主要采访对象:重庆市沙坪坝区工读学校A老师(A老师曾任该校中层干部,见证了重庆市沙坪坝区工读学校的成立发展)。

(2)重庆市渝中区工读学校:只招收男生的工读学校,又名重庆市滨江职业初级中学,学校成立于1980年,原有教职工23人,2007年年初2人离开,实际调研时有教职工21人,该校以"初职+委培"的办学模式办学。到2008年,共招收学习困难和行为偏常学生310人,有20人参军,5人加入中国共产党,大部分学生进入职业高中、技校学习,20多人进入高职院校学习。调研时走读班3个,住读班2个,学校按照重庆市校历行课,正常放寒暑假。

主要采访对象:重庆市渝中区工读学校B领导

选择间接访谈个案主要原因(电话访谈):

(1)区域代表性:位于东部发达直辖市(上海市)与落后贫困地区内蒙古自治区(少数民族地区)工读学校;

（2）办学性质代表性：选取教育集团公司办学与政府办学工读学校各一所。

间接访谈个案学校情况及主要采访对象：

（1）上海市育华（集团）学校：上海市育华（集团）学校调研时有20个班，全是男生，有教职员工120人左右，工读学生45人左右，开办有初中、高中、技校教育班级。根据笔者掌握资料，该学校是当时国内唯一一所教育集团公司主办的工读学校。

主要采访对象：上海市育华（集团）学校C领导及办公室工作人员。

（2）内蒙古呼和浩特市工读学校：呼和浩特市工读学校是遵照国务院提出的"立足教育，挽救孩子，科学育人，造就人才"的十六字办学原则和呼和浩特市市长会议精神，从1980年开始筹建，1982年正式成立的一所对有轻微违法和品德偏常的中小学生进行教育、转化和心理矫治的特殊学校，也是实施九年义务教育的一种不可或缺的教育形式。调研时呼和浩特市工读学校设置有汽车驾驶与维修、旅游、饭店管理、花卉等专业。

主要采访对象：呼和浩特市工读学校D领导及办公室工作人员。

二 工读学校现状描述概括

（一）工读学校历史沿革简况

工读学校最早起源于苏联卫国战争时期。第二次世界大战时，工读教育学校主要收容第二次世界大战苏联孤儿，著名的学校如苏联马卡连柯工学团。新中国成立之初，在时任北京市委第一书记彭真的大力倡导下，工读学校引入中国大陆后演变成管教"坏孩子"的专门学校。1955年7月1日，中国（大陆）第一所工读学校——北京温泉工读学校在京郊海淀温泉村正式创办。从此，中国工读教育开始了艰难曲折的探索历程。[①] 其诞生60多年来，经历了两个阶段。第一个阶段（1955—1995

---

① 夏秀蓉、兰宏生：《工读教育史》，海南出版社2000年版，第11页。

第六章 就学权相关咨政研究

年)的培养目标是把因有轻微违法犯罪行为而进入工读学校的学生,通过半工半读转变成为"自食其力的社会主义劳动者"。曾获得极高收视率的电视剧《寻找回来的世界》,讲述的就是这一阶段发生在工读学校的故事。"文化大革命"期间多数工读学校一度停办。第二阶段(1995年至今)的工读学校被定位为义务教育的补充,主要职责是为家庭、学校、社会服务,接纳的是厌学和行为偏常的"问题学生"。

从1955年到1966年,中国大陆有工读学校200多所。最近20年来工读学校发展趋于萎缩,其数量急剧减少,调研时注册工读学校共有71所,工读学校的分布和发展也很不平衡,共分布在大陆21个省市区。根据新华社2006年8月25日报道:中国全国人大内务司法委员会工青妇室主任于建伟希望加强和改进工读教育。

(二)举办体制

以重庆市沙坪坝区工读学校成立为界,新中国成立至1962年全重庆市只有一所工读学校(全国有100多所),即重庆市工读学校(1959年成立于重庆市北碚区蔡家渔家坝,现在已经关闭,现地址已经成为一个油库),由重庆市主办主管,地点在现在的北碚区,由时任分管教育的副市长邓恩分管。成立工读学校主要原因是刚建国,社会治安尚不稳定,社会上无工作经历者及闲杂人员较多,甚至有违法行为,为了减少制止这种现象而成立工读学校以收容教育。在1962年成立的重庆市沙坪坝区工读学校在人事上由沙坪坝区教育局负责,业务上由沙坪坝区公安局主管,第一任校长王峻峰,之前曾在重庆市检察院工作,曾担任过重庆市大溪沟派出所第一任所长。当时司法局方面不介入。学生来源由各辖区派出所报区公安分局治安科,区公安分局治安科根据情况决定哪些学生进入工读学校学习,文"化大革命"后期由于历史原因一部分学生是由学校报送材料到区教育局批示后备案。20世纪90年代初公安局不再送学生,也不再管理工读学校,到了21世纪学生生源主要由家长主动送。20世纪80年代初随着生源由类似少年犯学生转为有轻微违法和品德偏常的中小学生,学校的举办者变为以地方教育局或教育委员会举办,与

113

公安局逐渐脱离关系，到现在与公安系统完全没有行政人事财务等方面的关系。

重庆市渝中区工读学校的举办体制与重庆市沙坪坝区工读学校相同，现在由重庆市渝中区教育局主管主办。

由此我们可以明确工读学校举办体制发展脉络大致应该是省、直辖市、自治区政府主办（相应级别的公安局主管）——县级政府主办（相应级别公安局主管）——县级政府教育局主办（相应级别公安局少管、不管）——县级教育局或教育委员会主办主管。

（三）运行机制：一套班子，两块牌子

除了靠财政支持运行和上级主管部门指导运行外，随着社会的发展，原有的学生生源来源及办学条件不能适应形势需要，工读学校必须想办法发展运转，不能等靠要，需要与时俱进（当然也有少数学校发展较慢，甚至被淘汰）。为此，许多工读学校采用了"一套班子，两块牌子"的办学模式（还有复合模式、联办模式等）让学校得以正常运行发展。比如重庆市渝中区工读学校又名重庆市滨江职业初级中学，从而在运行机制上形成了"一套班子，两块牌子"的局面。

（四）决策体制：校长负责书记监督制

重庆市沙坪坝区工读学校在2007年8月以前多实行校长书记一肩挑，笔者调查时正是调换领导时，新任校长与书记不再由一人担任，形成"校长负责书记监督"的决策体制。

（五）管理体制：参照相应级别学校相关管理规定执行

一般而言，学校设有工会、政教处、总务处、教导处、校长办公室、招生办公室等部门。对学生的管理体制上，在20世纪80年代前以劳动教育为主，后来逐渐演变为劳动教育、纪律规范教育、文化教育并重的形势。与相应的普通学校做到三同（同大纲、同教材、同进度），甚至同考试时间，学生毕业后一部分进入高中，一部分进入社会。在对学生的管理上，有的工读学校还专门制定了相应的规章制度，比如重庆市渝中区工读学校就专门制定了《重庆市滨江职业初级中学学生日常行为规范》，同时制定了《重庆市滨江职业初级中学教师职业道德规范》《重庆市滨江职业初级中学教师十不准》等规定。可见工读学校在事实上形成"参照相应级别学校相关管理规定执行"的管理体制。

（六）经费管理：参照相应级别的学校经费管理模式执行

以重庆市沙坪坝区工读学校为例，其经费主要来源渠道是国家财政拨款。其他方面每个工读学校都设有总务处或者财务室，负责学校的经费收支管理。可见除了上海市育华（集团）学校这种特殊身份的工读学校外，工读学校具体经费运转参照相应级别的学校经费管理模式执行。

（七）学生权利义务关系理念：平等、尊重，让每一个孩子抬起头来

在工读学校学生权利义务关系理念方面，学校要求学生按照具体相关课程要求学习生活；同时工读学校里学生之间是平等、相互尊重关系；工读学校学生与老师之间是九年义务制师生关系，学生毕业颁发相应级别毕业证（有的学校颁发对外的校名是职业学校的毕业证，如重庆市滨江职业初级中学），即在本质上不管是工读学校的教职员工还是工读学校本身对待学生是与普通学校一样："平等、尊重"因人而异因材施教且爱护每一个工读学校的学生。所以我们可以明确：在学生权利义务关系理念方面工读学校与其他学校没有本质差异，均秉承"平等、尊重"原则理念，让每一个孩子抬起头来。

（八）工读学校类型

从学校类型看，不同的分类标准有不同名称的工读学校：按照性别工读学校应分为男子工读学校和女子工读学校（如重庆市沙坪坝区工读学校就是女子工读学校，同时接纳男生，现在是重庆直辖市唯一接纳女生的工读学校）；按照学校所在地区可以分为少数民族地区工读学校（呼和浩特市工读学校）和汉族地区工读学校；按照办学方向分普通工读学校与职业技术工读学校（重庆市滨江职业初级中学）；按照生源来源可以分为工读预备生为主工读学校（北京市朝阳工读学校）、托管学生为主工读学校（北京市朝阳区工读学校）、对外帮教为主工读学校（重庆市滨江职业初级中学）和流浪儿童工读学校（武汉市启新学校是

全国第一所针对非武汉户口流浪儿童开设的工读学校);按照学生是否留校分为寄宿制工读学校(如重庆市沙坪坝区工读学校)和走读工读学校;按照学校组成部分可以分为复合式工读学校(呼和浩特市工读学校)和一般工读学校;按照管理模式分为军事化寄宿制全封闭管理工读学校(如重庆市沙坪坝区工读学校)与寄宿制半封闭管理工读学校(重庆市滨江职业初级中学);按照组建机构分为法制教育中心+学校式工读学校(如贵州凯里市工读学校)与单一制工读学校。

三 工读学校现状问题及对策

不可否认,中国的工读教育经过多年的努力,虽然其曾经历曲折的过程,但其对国家的教育事业的贡献及对社会的稳定等方面的贡献也是有目共睹的。当然,我们也应该清醒地认识到其现实的问题。这些问题有些是其自身主体正常发展过程中的问题,有些则是客体外界因素所致。为了更好地发展中国工读教育事业,笔者通过调查研究发现当前工读学校现状问题主要体现于相关人们主观意识与工读学校客观存在两大方面的问题。本部分拟对前述两大方面加以具体分析,并提出相应思考及对策。

(一)相关人们主观意识问题及对策

1. 统一认识:工读学校(价值)存在与否不用争论

1995年,国家教育委员会前副主任柳斌在庆祝工读教育成立四十周年庆典大会上明确指出:"有人认为,学生违法犯罪,这是公安、司法部门的事,有少管所,何必再加工读?应当看到,学生违法犯罪公安、司法部门要管,其他有关部门要管,教育部门更要管,问题是怎么管,对于达到少管(所)条件的学生,应该送少管所进行管教,但必须看到,有些学生品德行为偏常,甚至违法了,但他们还没有达到司法干预的程度,这样的学生,家长无能为力,普通学校也感到困难,怎么办?是让他们流到社会上,还是通过一种特殊的教育形式把他们管起来,转变过来?当然应当管起来,我们不是说要面向全体学生吗?全体学生自

第六章　就学权相关咨政研究

然包括这些学生，通过什么形式将这些学生管起来？我们找到了工读教育这种特殊的教育形式，这是一种行之有效的好形式，这里要明确工读学校是学校，同少管所的性质不同。也有人认为，工读学校学生少投资多效益不高。应当看到，品德行为偏常和有违法行为的学生，人数虽少，但能量很大，破坏性强……办工读教育要有经费投入，多投一些是值得的。有人说多办一所这样的学校就可以少办一些监狱，是有一定道理的。"2004年中共中央发布的《进一步加强和改进未成年人思想道德建设》中明确指出，"要加强工读学校建设"。同时，我们必须清醒地认识到，当前中国正处在重要的转型期，由于自身、家庭、普通学校及社会原因等因素导致的"四特"（即"离异、网络与电子游戏、早恋及留守流动儿童"四类特殊学生）学生的增多也是事实。

有鉴于此，我们无须争论是否要办工读学校，而是如何办好、办出成效，使工读学校真正成为社会声誉高、教育效果显著、家长满意、学生留得住的工读教育学校。①

2. 工读教育研究受重视程度不够

可以说，某个领域的研究态势基本反映了该领域的发展状况。根据笔者掌握资料发现对工读学校的研究或者对工读教育的研究不容乐观。比如在权威文献数据库"CNKI中国学术文献网络出版总库"以"工读学校""工读教育"为关键词搜索发现至今的相关文献较少。而且研究人员面太窄，其中一位研究人员的文章数目占了较大比重。反倒是国外或其他地区对类似特殊学生的矫正研究较多。

思考及对策：工读教育研究的力度对工读教育未来发展具有重要的推动作用。为此，笔者建议：

首先，提升工读教育意识，加强工读教育价值宣传。导致工读教育研究不受重视的一个重要原因便是对工读教育本身的认识问题。可以说，传统工读学校教育往往被看作是常规普通教育的一种可有可无的补充，

---

① 鞠青：《中国工读教育研究报告》，中国人民公安大学出版社2007年版，第184—185页。

没有真正认识其独立性、稳定性等方面的价值。所以不管是工读学校内部本身，还是管理者及社会都应该转变观念重视工读教育，一方面可以从法律法规角度予以规范，另一方面亦可以通过多渠道的宣传让社会明白其价值所在。

其次，工读教育研究不仅仅是中国教育学会工读教育分会的事，专门的研究人员的研究关注度也要提高，要意识到其研究的价值和空间；工读学校教育工作者本身研究及反思意识需要加强；研究学习借鉴的意识也要加强。

3. 中学前特殊儿童不能忽视

十二周岁（小学毕业阶段）以下的少年有违法或轻微犯罪行为，不适宜留在原校学习，但又不够劳动教养、少年收容教养或刑事处罚条件的义务教育阶段学生，甚至未入学儿童能否/是否应该送往工读学校？如不，这些人又怎么矫治？因为当下这类孩子对国家未来的发展很重要，同时其行为偏常人数数量近年有上升趋势（"文化大革命"前国家曾有举办儿童工读学校的经历。以北京为例，到"文化大革命"之前，北京共有工读学校三所，儿童工读学校一所。[①] 在1981年四川省就明确下文说不再招收这类学生）。

思考及对策：经过调研论证后，国家在相应法规中明确规定十二周岁（小学毕业阶段）以下的少年是否就读工读学校。如因具体情况不能送入工读学校就读，家长或负责教育的小学应有相应配套的教育保障策略机制。

（二）工读学校客观存在问题及对策

1. 工读教育法律依据不足

中国目前没有一部专门的法律来规范工读教育制度，从而导致了长期以来工读教育发展中的种种困惑。除了《国务院批转教育部、公安部、共青团中央关于办好工读学校的试行方案的通知》（国办发1981年

[①] 赵延龄：《工读教育十年》，北京师范大学出版社1987年版，第1页。

第六章　就学权相关咨政研究

4月21日发布）和《关于办好工读学校的几点意见的通知》（国办发〔1987〕38号），就是地方性法规也很少，除了上海已经出台《上海市工读教育暂行规程》之外，其他地区并不多见。①

思考及对策：工读教育出现的问题，在很大程度上源于法律的滞后。出台一部专门的法律来规范工读教育制度或者在专门的法规中对工读教育制度作出详细规定显得尤其重要。如果出台专门的"工读教育法律"条件时机尚不成熟，以国家的名义出台类似《关于办好工读学校的几点意见的通知》针对性强的相关的规定或政策也可以。中国政法大学青少年犯罪与少年司法研究中心主任皮艺军教授在2006年10月30日《现代教育报》发表的《工读教育何以找回自己的世界》一文中主张：对"工读生"的裁定应该采取司法程序，既不能像以前一样，由校方"人治"，也不能完全由家长"自愿"。未成年人现在已经不纯粹在家庭范围内活动，放任自流势必危害社会，必须进行社会干预，由少年法庭综合各方意见来裁定未成年人是否进工读学校。2006年修订的《义务教育法》中对于"专门学校"也作了一定的规定，提出"县级以上地方人民政府根据需要，为具有预防未成年人犯罪法规定的严重不良行为的适龄少年设置专门的学校实施义务教育。"著名教育家孙云晓教授非常赞同为工读教育单独立法，他在前述《工读教育何以找回自己的世界》一文中认为，工读学校的地位和作用是普通学校或其他机构所无法替代的，巩固、发展工读教育尤为重要。同时，他建议将工读教育定性为"特殊教育"，教育部门应加强规划、管理和扶持，开展行为问题学生特殊教育学科建设；各级政府加大对工读学校的投入和改造，使其成为优质的教育资源。

2. 举办体制不顺

在工读学校上下级关系上，全国不统一，显得比较混乱。如现在一般的工读学校上级主管部门是当地教育局，但同时又存在其他上级部门，如安徽蚌埠市工读学校（蚌埠市阳光实验中学）隶属蚌埠市政法委和教

---

① 刘世恩：《对中国工读学校立法的思考》，《法学杂志》2005年第6期。

育局，面向安徽省 17 个地市和周边省市招生。再如福建省厦门市启明学校（厦门市林边学校）是福建省唯一的工读学校，于 1998 年 11 月由厦门市人民政府批准建校，1999 年 4 月正式开办，由厦门市教育局主办，市公安局、司法局协办，并派员参加管理工作。

思考及对策：各级部门包括学校相关人员应该树立现代教育理念，明确工读教育学校的性质和地位，可以以立法形式作统一要求，让工读学校上下级关系通畅，以便于统一管理。

3. 办学模式不规范

当前，办学模式不规范主要体现在管理模式与学生培养模式两个方面。办学管理模式不规范：有的工读学校没有办学章程，完全听从行政命令，导致在对学校的管理上各自为政，同时导致管理上存在漏洞。重庆市某工读学校由于校长书记一肩挑，从而导致下属对其在财务上的某些行为不理解。学生培养模式主要表现在传统的办学结构单一、教育功能单一、培养目标单一、培养层次要求较低等方面。

思考及对策：办学模式的多样化是保证工读教育效果的重要措施。

为此，笔者提出如下建议：

首先，在管理模式不规范的问题上可以通过相应上级主管行政机关规定相应工读学校在申办注册时必须备齐相应的办学章程等资料，从源头开始对其办学行为予以规范。同时由国家或者地方出台相关的法律法规，对不规范的办学行为予以制止并规范统一。

其次，学生培养模式的多样化是强化工读教育效果的重要保证。随着多元智力理论的引入和社会多元化的要求，促进青少年健康发展，工读学校必须改变办学模式，顺应时代发展，创建多层次办学模式，如"工读预备生制度模式""职业教育模式""校外多渠道协同教育模式""家校委培模式"等灵活办学模式，走"特殊教育"与"特色教育"相结合之路。

4. 招生情况不理想

在工读教育失去强制力以后，由全国各所工读学校校长组成的中国工读教育专业委员会，每一次开会讨论得最多的总是生源问题。对于大

第六章　就学权相关咨政研究

多数工读学校来说,生源减少的直接后果是失去司法机关的重视和扶持。2002年,在北京市海淀区发生的"蓝极速网吧纵火案",主角就是两个早已被学校建议送到工读学校的孩子。因为不愿到工读学校,家长又不同意送,他们俩就一直在社会上流浪,最后导致惨剧发生。

多年以来,尤其是20世纪90年代中后期以来,工读学校入学的标准一直是"三满意",即孩子原来就读的学校建议,家长同意,孩子本人愿意。但是现在的问题往往是:孩子不愿意,家长不同意,仅有学校建议,孩子因此无法入学。《中华人民共和国预防未成年人犯罪法》规定,在九种情形下,"其父母或者其他监护人和学校应当相互配合,采取措施严加管教,也可以送工读学校进行矫治和接受教育。"该法对于孩子坚持不来就读的情形没有具体规定。孩子是非辨别力较差,家长没有履行好保护义务,最后对社会造成巨大损害,家长应该为此负责,家长的就读决定权也应受到限制。但是有时"三满意"达到,孩子仍然无法就学。比如门头沟属于北京市经济比较落后的地区,家长一般都不富裕,虽然该校学生全年的饭费只有1300元,但是对于一些吃"低保"的家庭而言这也是个巨大的数字。[①]

思考及对策:笔者以为生源本身并不是一个问题,但恰恰生源问题又是制约工读学校或者工读教育发展的一个根本性问题之一。为此对这一问题的解决策略显得尤为重要。当然,如果是社会进步导致生源减少,这当然是一件好事。为此笔者提出如下两方面建议:

首先,建议相关法律法规明确规定工读学校生源事宜。在2006年2月28日召开的十届全国人大常委会第二十次会议上,全国人大内务司法委员会副主任委员张丁华建议,"对有严重不良行为的未成年人,所在学校认为应当送工读学校接受教育的,可向教育行政部门提出申请,经教育行政部门领导的委员会核准后,监护人应当将其送工读学校接受教育。对违反相关法规关于送未成年人进工读学校接受教育规定的监护人,

---

[①] 赵文:《工读学校招生难问题透析》,《山东省青年管理干部学院学报》2004年第6期。

可由住所地公安机关予以训诫、警告、罚款、拘留，并责令其改正。"同时明确工读教育的对象、范围和条件，以正确的舆论导向提高人们对工读教育的正确认识。符合《中华人民共和国预防未成年人犯罪法》九种情形而没有来就读的，应该规定强制性的就读条款。同时恢复工读学校"工"的作用。

其次，工读学校自身"苦练内功"。笔者以为若工读学校紧密联系实际，努力提升办学水平与学校形象，走特殊教育与特色教育相结合之路，工读学校如果自身尊重教育教学规律，以人为本，加强矫正教育学的规律研究及实践，注意自己办学水平的实力提高，很多问题可能迎刃而解，因为生源本身并不是一个问题。

5. 办学条件不好

对于这一点，笔者在实地调研时感触很深。有的工读学校办学经费困难，有的设施相对简陋，面积小，设施差。比如重庆市某工读学校甚至将自己仅有教室的一部分出租给经商者以筹措经费。再如在北京门头沟工读学校，很难有绿色的感受。学生宿舍、教室是灰色的砖瓦平房，凹凸不平的小操场是石灰铺就，连教室窗下的两个乒乓球台都是灰色的。相对门头沟工读学校而言，情况较好的北京朝阳工读学校也为经费为难。"自筹"资金给校长带来了很大的压力，他们认为，国家现有的财政政策对工读教育"不够倾斜"，"特殊教育需要特殊政策支持。"深圳市育新学校除了少量工读班外，已经成为其他学校的军训和社会实践基地。而重庆某工读学校，已经变成能带来收益的戒毒所。在2006年4月5日《法制日报》的《义务教育法修订草案审议：工读学校应作专章规定》一文中，全国人大内务司法委员会副主任委员张丁华还指出，"要制定适应工读教育发展的特殊政策，解决工读学校办公经费不足、办学条件差等问题"。

思考及对策：国家加大资金投入力度，同时采取国家财政拨款与学校合法自筹资金相结合。同时在相应的法规中对经费统筹安排作出明确规定，比如适当增加政府拨款、专款专用等。

6. 师资短缺，（退休）教师受关注程度不高

在调查中笔者发现这一问题较为突出。由于工作的特殊性导致的工作时间长强度大责任重等原因，教师容易心理失衡进而引起不同程度的教育倦怠行为。以北京门头沟工读学校为例，学校缺教师的问题非常严重。由于待遇或受关注程度不高，学校长年招不来老师，该校一位老师担负着音乐、美术的全部课程。由于工读学校学生难教，老师需要付出的更多，所以相应的教职员工待遇有待提高。根据笔者掌握资料，在重庆市某所工读学校教师几乎每年均有调离或者辞职现象发生。在重庆市某所工读学校离休老师待遇不高。

思考及对策：专业化、高水平的教师队伍是加强工读教育教育效果的必要条件。鉴于此，提出如下建议：

首先，国家在法规中对工读学校教师待遇作适当政策倾斜，财政上予以保证，减少教职员工后顾之忧；同时建立健全工读学校培训机制，同时朝着专业化的教师队伍规范努力。

其次，外界多关注关心工读学校的教育工作人员，当然教育者自身也要加强自身的行为修养和自我调控能力，最大限度地发挥体现自己的教育价值。

以上问题环环相扣，相互影响，作为决策者、执行者或者参与者均应该具备大局意识和实践意识并联系工读学校教育实际情况，以长远战略眼光看待工读学校教育问题，在教育学、心理学及法学等理论学科支撑下，健全工读教育法规，真正明白"建好一所工读学校就少建一座监狱"的真正内蕴，敢于探索，明确走"特殊教育"与"特色教育"相结合之路，并且学习借鉴国外及其他地区对这类教育对象的先进矫正教育经验方法，比如日本创建的"家庭学校"和专门出台《感化法》的举措就取得了很好的效果。同时也必须认识到工读学校在当下存在的合理性与重要意义。值得欣慰的是2006年新修订的《中华人民共和国义务教育法》已经注意到工读教育的问题并制定了相应的具体条文，其第二十一条明确规定：对未完成义务教育的未成年犯和被采取强制性教育措施的

未成年人应当进行义务教育，所需经费由人民政府予以保障。我们相信，随着社会的发展进步及公民素质的提高，随着国家相应部门对基础教育尤其是工读教育的重视，在当前教育惩戒权利呼之欲出的背景下，工读学校的发展会更好，工读教育的明天会更好。

第三节 就学权利视野下校长依法治校能力提升专题培训设计案例

一 目标定位

2019年《中国教育现代化2035》将"坚持依法治教"明确为推进教育现代化的基本原则。新时代中小学校长依法治校能力是校长提高治校水平的关键能力。党、国家相关政策法规要求打造一支具备依法治校高水平能力的专业化中小学校长队伍，按照教育部《依法治教实施纲要（2016—2020年）》明确指出以多种形式，对教育系统全体干部、学校管理者、教师进行全员法治培训，着重增强法治观念，树立依法治教、依法执教的意识，着力抓好部门和学校主要负责人和法治副校长的法治能力培训，切实增强教育系统党员领导干部的纪律意识和规矩意识，保护学生权利，并不断增强中小学校长现代学校制度意识和学校治理意识。既如此，重庆市"中小学校长依法治校能力提升专题培训班"项目目标定位如下：

强化新时代中小学校长法治观念和依法治校意识，提升中小学校长教育法规理论素养，拓展其教育法治思维和教育法治能力；

增强中小学校长依法治校管理能力及实际操作能力；

提升校长学员所在学校依法治校质量；

通过中小学校长依法治校能力提升培训，增强社会主义法治意识、依法治教意识、公职人员意识及相关知识理念的普及辐射范围，为建构校园依法治教环境文化而努力。

洗 第六章 就学权相关咨政研究 洗

二 对象分析

本项目结合新时代依法治国、依法治教大背景，基于项目承担高校相关历年国家级"校长国培计划—边远贫困地区农村校长助力工程"培训项目、重庆市级各类校长国培及管理干部相关岗前培训项目，及学校相关其他横向的面向相关区县及中小学校长相关人员的培训项目等相关"依法治校能力提升"调研分析，并结合依法治校相关研究，认为培训对象的需求主要有：

新时代依法治国背景下中小学校长政策法规理论素养及法治思维强化需求；

中小学校长依法治校管理研究能力提升需求；

中小学校长作为国家公职人员的教育管理干部担当及法规素养提升需求；

国家及重庆市最新教育法规解读需求；

中小学依法治校实际操作能力提升需求；

中小学依法治校示范校评估创建指导需求；

中小学青少年法治教育典型与经验交流需求；

学员所在学校依法治校改进计划交流及专家指导需求。

三 阶段设计

（一）集中培训研修阶段环节设计及目标任务

实施专家讲座与案例解剖相结合，问题参与式和任务驱动式相结合，"理念触动、问题驱动、行动研究、改进计划"的四轮驱动培训策略。

（二）返岗实践阶段环节设计及目标任务

在集中培训结束后，为参训学员提供一些培训后的实践题目和材料，让学员回到学校后，在依法治校实践过程中进行尝试和实践，同时，根据具体情况安排专家到部分学校对学员进行实践指导。

四 培训内容

本项目培训内容基于中小学校长依法治校关键能力提升的核心目的，

围绕依法治校相关知识及理论内涵、学校权利主体构成及责任构成等，联系最新法治及教育法规精神，紧密结合学员依法治校实际操作需求能力，设计以下中小学校长三大培训内容能力矩阵模块：基本能力、研究能力、操作能力，并从7个核心方面设计能力矩阵。具体见下图：

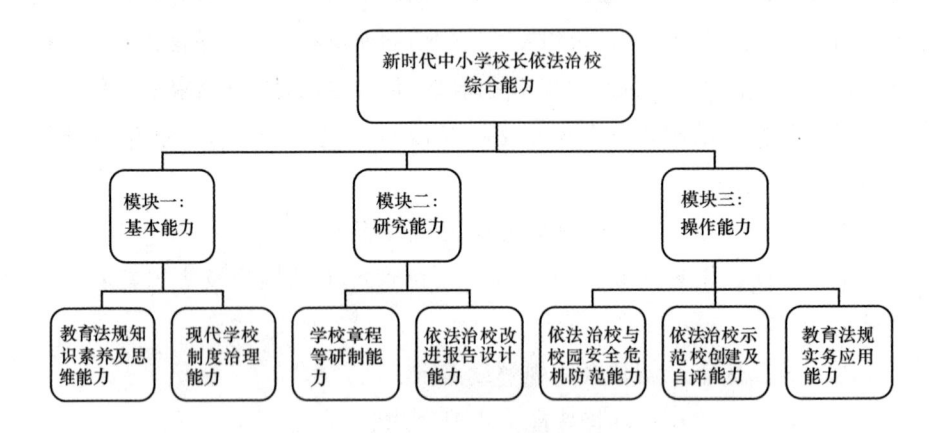

图6—1　重庆市中小学校长依法治校能力提升培训学员三大能力矩阵模块示意

五　培训方式

根据《重庆市教委关于遴选2019年教师及教育管理干部市级培训项目承担机构的通告》具体安排及本单位实际特色和优势，本项目培训形式注重理论与实践结合，问题参与式和任务驱动式相融合。

（一）培训指导理念

坚持理论引领与实践导向相结合，本着"带着问题学习，带上成果交流"的设计理念，促进参训校长依法治校理念更新、综合素质和管理研究能力及实际操作能力综合提升。

（二）现场培训方式

在4天集中学习期间，结合学员问题需求实际（参训校长在报到前提交一份问题需求报告单，简要写明在学校依法治校管理中的困惑或需要在培训中解决的问题），主要采取专家授课、典型经验交流、分组互

第六章 就学权相关咨政研究

动研讨、学校改进报告、现场观摩实践等方式有机安排学习内容,有效结合校长学员实际,充分利用课间自由论坛、学员沙龙、学员微讲座、危机模拟设计及应急处理、模拟校园"依法治校"法庭等多种方式增强并高质量保证学习效果。

(三)后期培训方式

运用相关网络媒体平台,辅以网络研修和返岗实践并积极跟踪学员后期实践应用效果,同时在以后的同类项目培训及研究中加以积极改进。

六 考核评价

根据重庆市"中小学校长依法治校能力提升专题培训学员问卷",有针对性创新设计本项目考核评价办法,并积极探索建立依法治教特色学校案例库,并探索设计中小学校长依法治校能力评测工具。具体考核评价办法如下。

(一)考核内容及指标比例

结业考核实行双百分制。考核内容由综合考核和"依法治校学员校长论坛暨结业答辩"两部分组成。学员按规定修满教学计划的全部课程及相关研修,综合考核和论坛均合格者,准予结业,发给培训结业证书。

综合考核:综合考核由学习表现、个案诊断、学校章程设计及依法治校改进报告设计质量、《研修记录手册》及理论考试组成,综合考核学员理论知识及实践应用掌握情况。其中学习表现占40%(包括学员按教学要求参加理论讲座、研讨交流等各项表现)、个案诊断报告占20%、学校章程设计及依法治校改进报告设计占20%、《研修记录手册》及理论考试(考核学员对集中培训的理论知识掌握情况)占20%。

培训者论坛:演讲论文质量占50%,论坛答辩考核占50%。

(二)优秀学员评选

工作程序:学员自荐、小组推荐、班委建议、优秀学员评选领导小组考核、学校审核、上级核准的工作程序。

评选名额:优秀学员的评选比例不超过培训班人数的20%。

七　特色创新

（一）紧扣新时代依法治国及"中国之治"大背景

提升中小学校长及管理管理干部的政策法规意识、教育法治思维素养及教育法治能力。

（二）创造性地设计中小学校长三大依法治校能力模块设计

通过"重庆市中小学校长依法治校能力提升培训学员三大能力7个核心方面矩阵模块"，有效保证培训质量。

（三）强化专题培训的应用性特点

增强学校依法治校工作的针对性和实效性，构建学校依法治理管理长效机制，以此营造和谐治理的依法治校文化环境。

（四）培训四大策略与三大操作方式相结合

"理念触动、问题驱动、行动研究、改进计划"的四大培训策略；理论与实践相结合、问题与案例相结合、讲授与交流相结合的三大操作方式。

（五）创新管理及考核方式

结业考核实行双百分制，重视应用性，兼顾理论性，强化实践性。设计相关问卷，有针对性创新设计本项目考核评价办法，并积极探索建立依法治教特色学校案例库，并探索研制设计中小学校长依法治校能力评测工具。

第四节　人本理念在大学章程建设中的实施路向探析

法治是治理学校办好教育的基本方式。依法治校，首先是依照学校章程治理学校。普通高校作为中国直接培养人才的核心阵地更应该以人为本，坚持法制理念治理学校。章程是建立现代大学制度的基础，是一所学校的"宪法"。作为大学的"宪法"，章程的制定、修改及完善理应

第六章 就学权相关咨政研究

从师生实际出发,以人为本,彰显人本理念,维护学校的办学主体权益、核心主体之师生的核心权益。之所以讲学校章程要以人为本,彰显人本理念,是因为教育本身就应该以人为本。

一 人本理念:教育之追求

(一)教育本质使然

中文"人道主义"一词在英语中为Humanism,人们通常把"人道主义"理解为诸如仁慈、同情心、仁爱心的同义词,把它们看成单纯的道德范畴。其实"人道"应理解为关于"人的道理",也就是重视"人"的理论或思想体系,也可译作"人文主义"或"人本主义"。正如鲁洁所言,"实现教育的回归就要使教育真正站到人的立场上来,以人之生成、完善为基本出发点,将人的发展作为衡量的根本尺度,用人自我生成的逻辑去理解和运作教育。"① 教育的本质是受教育主体(个体/个人)心智的成长及受教育主体与天地系统的和谐共生发展。正是因为受教育主体个体的独特性,既而有了受教育群体的多样性,这便有了教育的丰富性,这就是教育的出发点。我们只有搞清楚了教育的逻辑元点,才有可能谈教育。

人是教育的目的。教育应该像人一样宽广。正如倪胜利、张诗亚二位学者在《回归教育之道》一文中所述,教育理论之所以难以应对现实的挑战,其根源在于教育工具性蜕变与教育之道的迷失。教育在相当长一段时间里,一直围绕着政治、经济社会运转,偏离了教育"以人为本"和"发展人"这个"道"。对教育之道的思考,是一个价值问题,是彻底改变现有的学科价值立场,整合中西文化和解决当今社会所面临的问题,是为教育之道重新定位的问题。因此,以人为本,在一个由天地系统代所构成的时空关系中发展具有适应性生存能力的人,是教育之

---

① 鲁洁:《教育的原点:育人》,《华东师范大学学报》(教育科学版)2008年第4期。

道的精髓,它既是教育的起点,也是其最终归宿。①

(二)教育本质之追求

我们研究教育的根本目的在于更好地让人生长、成长,使人和谐发展;我们具体从事教育工作的人员也在于更好地让人生长、成长,使人自由和谐发展。作为培养人才的高校理应如此。倘如此,我们才能心安理得正大光明地尊重教育规律并以人为中心办好教育事业。

随着人类社会的发展进步,教育工作实践及研究的每一个方面均会走向对人的关怀之道:人道。首先应该以人为本从事教育的研究与实践;同时,培养人才的主要阵地之高校理应在依法治教基础上坚持现代学校制度建设,尤其是以学校章程为核心的规章制度建设。大力加强学生教师及学校的内涵特色发展,这样既尊重其个体,也关注其社会价值发挥;既重视学校教育,也重视民间社会大系统对人的影响;同时,"人道"本身就是权利和法治精神的一种体现,二者融合统一并不矛盾。因材施教,克服教育的固定模式及千人一面的弊端,为每个学生的发展提供适合的教育是我们的责任。

二 高校章程彰显人本理念的背景

(一)国际趋势:师生认同的学校章程有效推动教育发展

国外大学章程的产生可以追溯到大学诞生之源的中世纪,特许状作为当时大学取得合法自治权利的载体,开启大学章程建设的历史先河。时至今日,西方国家各大学多已制定成熟并能够有效执行师生认同的章程。以欧洲为例,1231年教皇发布谕旨,确认1200年以来授予巴黎教师和学生的各项权利,特别强调1215年巴黎大学章程的有效性,同意授予巴黎大学以法人资格。至此,巴黎大学真正成为一个具有法人资格的独立团体,展开了自我管理。可以说,这充分彰显了人本主义理念。1825年,著名的诗人汤玛斯·凯普贝尔建起英国具有民主、自由主义精

---

① 倪胜利、张诗亚:《回归教育之道》,《中国教育学刊》2006年第9期。

第六章　就学权相关咨政研究

神的第一所高等学校——"伦敦大学学院"。后英国国家改革委员会制定了"牛津大学法"和"剑桥大学法"。这两所大学开始建立新的学校制度和机构，重新修订自己的章程，并明确了权限。自此，英国现代意义的大学章程产生并发展了起来。美国最早成立的大学，即是1636年创办的哈佛学院，也就是今天的哈佛大学。1650年，哈佛大学就订立了自己的大学章程《哈佛大学特许状》，对基本情况、组织机构、权利、印章、财务等方面作出了规定。《哈佛大学特许状》，正式名称《哈佛学院的校长和评议员特许状》，是该大学成立和运行的法律基础。[①] 可以讲，正是西方高校对章程的重视及其围绕章程的学校治理，有效促进了其教育的发展及高质量人才的培养。

时至今日的21世纪，科技、知识和人才在社会经济发展和全球化竞争中愈加重要，引发了各国政府和国际组织对教育的高度重视，而如何推进教育的发展，建立以学校章程为核心的规章制度就成了学校发展护航的法宝。

（二）国家规章明确要求

随着教育形势的发展及相关教育研究的促进，国家相关层面的教育规章制度明确提出建立现代大学制度是时代要求，而建立现代大学制度的核心前提就是制定科学合理的师生认同的大学章程并积极实践。

2010年《国家中长期教育改革和发展规划纲要（2010—2020年）》（以下简称《纲要》）在序言部分明确指出：坚持育人为本，推动教育事业在新的历史起点上科学发展。第十三章（建设现代学校制度）四十款提出：完善中国特色现代大学制度。完善治理结构。加强章程建设。各类高校应依法制定章程，依照章程规定管理学校。第二十章（推进依法治教）六十四款明确提出：大力推进依法治校。学校要建立完善符合法律规定、体现自身特色的学校章程和制度，依法办学，从严治校，认真履行教育教学和管理职责。尊重教师权利，加强教师管理。保障学生的

[①] 朱玉苗：《哈佛大学特许状（1650）法理解析》，《法治研究》2011年第11期。

受教育权,对学生实施的奖励与处分要符合公平、公正原则。健全符合法治原则的教育救济制度。这不仅表明国家开始给予高校章程建设以前所未有的重视,也为高校章程建设提供政策导向与以人为本的价值取向。

2012年1月1日正式施行的《高等学校章程制定暂行办法》(教育部令第31号,以下简称《办法》)已经发布。《办法》贯彻落实教育规划纲要的要求,全面规范了高等学校章程制定的原则、内容、程序以及章程的核准与监督执行机制,是高等学校开展章程建设、实施依法治校,促进科学发展的行动指南和实践纲领,对于建设中国特色现代大学制度,深化高等教育管理体制改革,具有重要的现实意义和深远的历史意义。办法与高校的发展定位、办学活动、培养目标、管理行为,以及教职工和学生切身利益息息相关。明确将"以人为本"写入办法第十五条,"章程应当体现以人为本的办学理念,健全教师、学生权益的救济机制,突出对教师、学生权益、地位的确认与保护,明确其权利义务;明确学校受理教师、学生申诉的机构与程序"。

(三)国内高校现状期盼

如前文所述,大学章程体现以人为本是教育本质的追求,同时亦是当下相关背景推进的结果。依照章程治理学校是学校管理的基本方略,一校之"章程"是强校兴教的总纲领。中国虽然在《教育法》《高等教育法》《职业教育法》及《民办教育促进法》等法律明确规定章程是设立学校及其他教育机构的基本条件,但高校章程建设问题并未受到足够重视,2007年教育部法制办公室一项数据调查显示,只有563所高等学校报送了章程或者章程草案,仅占当时全国高校的21%;在理论研究方面,大学章程研究仍处在高等教育理论研究者的视域之外,对于独立院校、高职院校及民办院校章程建设等相关研究更是微乎其微。可见高校章程建设及研究的紧迫性。

三 高校章程彰显人本理念路向

一所高校的章程是学校办学的灵魂。好的章程就是以人为本的章程,

第六章　就学权相关咨政研究

也是经过实践检验有效促进教育发展的章程。随着2012年《高等学校章程制定暂行办法》（以下简称《办法》）的出台，中国相应高校章程的制定、修改及完善得到大力推进。这必将有力促进中国高等教育事业的规范发展。那么，如何在高校的章程制定、修改及完善过程中更好地彰显以人为本的理念就成为亟须面对的现实。根据中国高校设置类型及发展现状，可以从以下路径加以体现：

（一）办学主体权益保障——从学校本身出发

高等学校本身是办学的主体。其主体权益应该得到充分的保护。同时相关高校应该增强章程建设的法律自觉意识，按照章程积极行使法律赋予学校的自主管理权，让高校良性发展。通过制定和执行本校章程和管理制度，贯彻教育政策法规。章程是指学校为保证正常运行，对内部管理进行规范而制定的基本制度，是实行依法治校，提高学校管理水平和效率的重要保证。学校依法制定章程，确立其办学宗旨、管理体制及各项重大原则，制定具体的管理规章和发展规划，自主地作出管理决策，并建立、完善自己的管理系统，组织实施管理活动，这是建立现代学校管理体制的重要前提。[①] 教育法规定学校享有这样的权利，是基于学校作为法人在依法批准设立时，必须具有符合国家规定的组织章程。法人本身是一个组织机构，组织机构的运转活动必须有自身内部的管理章程，这是设立学校及其他教育机构所必须具备的四个基本条件中的第一个。学校一经依法设立，即意味着具备得以设立的全部条件，也就是说其章程得到确认，因此学校按照被确认的章程，管理自身内部的活动即成为学校及其他教育机构所行使的法定权利。

在《办法》第三条指出：章程是高等学校依法自主办学、实施管理和履行公共职能的基本准则。高等学校应当以章程为依据，制定内部管理制度及规范性文件、实施办学和管理活动、开展社会合作。第四条：高等学校制定章程应当体现和保护学校改革创新的成功经验与制度成果；

[①] 张维平、石连海：《教育法学》，人民教育出版社2008年版，第169页。

应当着重完善学校自主管理、自我约束的体制、机制,反映学校的办学特色。第五条:高等学校的举办者、主管教育行政部门应当按照政校分开、管办分离的原则,以章程明确界定与学校的关系,明确学校的办学方向与发展原则,落实举办者权利义务,保障学校的办学自主权。

可见,高等学校章程可以为学校办学定位与特色发展保驾护航。因此,相关高校教育行政主管部门应该充分放权,按照政校分开、管办分离的原则充分调动高校办学积极性。同时,高等学校章程亦应该充分利用章程的制定、修改及完善机会科学分析学校外部环境和自身实力的基础上,确定学校办学理念及办学特色。既如此,相应高校就应该从自身实际出发,制定符合自己发展的章程,充分彰显自己的办学自主权和自主管理权。

(二) 从教育法律关系关涉主体——教师及学生出发

保障学校师生享有权利和履行义务,是学校章程的核心内容应然之举。学校章程不仅是学校师生必须遵循的行为规范,而且是保护学校师生权益的坚强保障。章程作为学校的"宪法",其内容应该在国家法律法规的基础上充分体现并保障教职员工及学生的权益。教师作为经国家教育行政机关认可的从事专门职业的专业工作者,具有受法律确认和保护的地位,在广泛实施聘任制的背景下,学校与教师是一种平等的关系。作为专业人员,教师权利,是指教师在从事教育特别是教学活动中依法享有的权益,它是国家对教师在工作中能够做出或不做出一定行为,以及要求他人做出或不做出一定行为的许可和保障。教师权利包括教师根据教育需要实施某种行为的权利以及要求义务人履行义务的权利。当教师权利受到侵害时,有权诉诸法律,要求确认和保护其权利的权利。同样,学生作为教育法律关系最重要的主体之一,依法享有法律法规所规定的各项权利。由于学生法律地位的多重性,学生一方面享有宪法赋予公民的人格权、健康权、名誉权、财产权、受教育权等基本权利,另一方面还享有教育法规定的具体教育权利,主要包括享有教育资源权、获取资助权、获得公正评价权以及申诉诉讼权。学校作为实施教育教学的机构，其行为准则之章程必须贯彻国家的教育方针、执行国家教育教学标准、保证教育教学质量，以维护学生的合法权益。

在《办法》第三条规定：高等学校应当公开章程，接受举办者、教育主管部门、其他有关机关以及教师、学生、社会公众依据章程实施的监督、评估。第十二条：章程应当明确规定教职工代表大会、学生代表大会的地位作用、职责权限、组成与负责人产生规则，以及议事程序等，维护师生员工通过教职工代表大会、学生代表大会参与学校相关事项的民主决策、实施监督的权利。第十五条：章程应当体现以人为本的办学理念，健全教师、学生权益的救济机制，突出对教师、学生权益、地位的确认与保护，明确其权利义务；明确学校受理教师、学生申诉的机构与程序。

可见，《办法》把教师学生权益的维护摆在了突出的位置加以强调，相关高校在制定、修改及完善章程过程中应该积极体现以人为本的理念，在本校章程条文及以其为统帅配套的规章制度中细化加以充分保障。

（三）制定程序保障

《高校章程制定办法》按照教育规划纲要的要求，全面规范了高等学校章程制定的程序以及章程的核准与监督执行机制，这与教职工和学生切身利益息息相关。相应高校相关机构程序机制的完善才能充分体现以人为本并保障师生权益。

1. 机构及人员保障

按照办法第十六条规定：高等学校应当按照民主、公开的原则，成立专门起草组织开展章程起草工作。既如此，相关高校应该成立相应的临时组织或挂靠办公室等部门负责开展章程起草工作。

同时，按照规定要求，章程起草组织应当由学校党政领导、学术组织负责人、教师代表、学生代表、相关专家，以及学校举办者或者主管部门的代表组成，可以邀请社会相关方面的代表、社会知名人士、退休教职工代表、校友代表等参加。

2. 制定过程完整

在作与权利主体相关的重大事项及政策的决定时，其程序的公开与过程的完整是对主体权益的有力保障。按照规定要求，高校章程制定应该经过深入研究调研阶段——充分论证阶段——沟通协商阶段——教职工代表大会讨论阶段等征求意见阶段——校长办公会议审议阶段——学校党委会讨论审定阶段——形成章程核准稿和说明阶段——法定代表人签发阶段——报核准机关阶段——章程核准委员会评议——核准的章程正式文本以学校名义向本校和社会公开发布阶段。

以上11个章程制定阶段缺一不可，通过完善制定过程，可以充分体现以人为本的章程制定精神。值得强调的是地方政府举办的高等学校的章程由省级教育行政部门核准，其中本科以上高等学校的章程核准后，应当报教育部备案；教育部直属高等学校的章程由教育部核准；其他中央部门所属高校的章程，经主管部门同意，报教育部核准。另外，高等学校章程的修订案，也应当依法报原核准机关核准。

随着中国高等教育事业逐渐走向现代化、大众化，以人为本的理念将会更加深入。大学的章程是大学文化自觉的重要体现，章程亦是学校文化的核心提炼及核心内涵的表现。高等学校章程的制定、完善及修改不是一蹴而就的事宜，需要以高校本身为主体，高校师生及高校教育行政主管部门，甚或社会力量协同完成。同时，随着高校章程意识的增强，要使学校章程深入人心，走入学校师生，成为全校师生的自觉行动。可以相信，章程在推动普通高等本科院校、独立院校、行业公办高职院校及民办院校以人为本理念落实、内涵发展及办出特色方面的价值将愈加明显。

第五节　基于就学权利保障的中国新时代依法治校思考

依法治校是依法治理的必然要求，是建设现代学校制度的内在要求和当然趋势，依法治校（含幼儿园等学前教育机构）作为依法治教的重要组成部分，是现代学校治理的基本模式，是实现教育现代化的重要条

第六章 就学权相关咨政研究

件。在2018年全国教育法治工作会上，陈宝生指出：全面推进依法治教是贯彻落实习近平总书记全面依法治国新理念新思想新战略的重大政治任务，是加快教育现代化、建设教育强国的迫切要求，也是长期以来教育事业改革发展的经验总结。为贯彻落实党的十八大、十九大精神，进一步推动《国家中长期教育改革和发展规划纲要（2010—2020年）》（中发〔2010〕12号）及2019年年初国家发布的《中国教育现代化2035》相关依法治校要求内容的实施，在各级各类学校深入贯彻习近平新时代特色社会主义思想，全面落实依法治国要求，以民主法治原则构建现代校园和谐关系并做好新时代依法治校工作尤为重要。建设校园和谐关系，以法治理性的价值判断和价值选择审视并优化校园环境，是坚持以人为本、以民主法治原则建设校园和谐关系的关键所在。[①]

一 新时代依法治校历程简要回顾

党的十六大以来，按照党中央关于落实依法治国方略，教育系统不断加强教育法制建设，依法治校建设取得了丰硕的成果。

（一）承前启后，开启新篇章（2010—2003年）

中国的依法治校历史由来已久，从新中国成立至20世纪末，国家及地方积极推进依法治校工作，取得了良好的成效。1999年12月教育部下发《关于加强教育法制建设的意见》，明确指出积极推进依法治校。认真配合教育行政部门依法进行的督查和评估，不断提高依法治校水平。在2003年9月和11月，以教育部名义分别下发《关于加强依法治校工作的若干意见》（教政法〔2003〕3号）、《关于开展依法治校示范校创建活动的通知》（教政法厅〔2003〕4号）两个文件为标志，中国新时期依法治校承前启后，正式进入开启新篇章阶段。在这两个文件中明确指出依法治校是依法治教的重要组成部分。依法治校是贯彻党的十六大精神，推进依法治国基本方略的必然要求，是教育事业深化改革、加快

[①] 秦惠民：《用法治理性建构校园和谐》，《教育研究》2005年第9期。

发展，推进教育法制建设的重要内容。

（二）依法治校发展期（2003—2007年）

这一阶段，相关省、直辖市及自治区在前一阶段的基础上抓住依法治校发展机遇，取得了良好的成效。各地依法治校工作有了一定程度的进展，比如北京市、上海市、重庆市、广东省、江苏省及湖南省等省市创造了一些好的经验和具有地方特色的依法治校工作思路。但是从总体上看，学校的法治观念和依法管理的意识还比较薄弱；依法治校的制度和措施还不健全；依法治校还没有完全成为学校的自觉行为，与依法治国基本方略的要求还有一定的差距。同时，这一阶段教育相关法律、规章及相关教育法律的实施细则不断修订或制定，逐渐完善。

（三）依法治校推广阶段（2007年至今）

本阶段以党的十七大召开并发布报告为起点，依法治校迎来21世纪发展的黄金阶段。除了各省市积极实践依法治校工作，继续为依法治校完善教育相关法律、规章及实施细则，还出台了系列重要的依法治校政策保障依据。《国家中长期教育改革和发展规划纲要（2010—2020年）》第六十四条"大力推进依法治校"部分指出：学校要建立完善符合法律规定、体现自身特色的学校章程和制度，依法办学，从严治校，认真履行教育教学和管理职责。2012年11月《全面推进依法治校实施纲要》指出：随着社会主义民主法治和政治文明建设的推进，教育改革的不断深化，各级各类学校的发展环境、发展理念、发展方式正在发生深刻变化，迫切需要全面推进依法治校、加快建设现代学校制度。2016年1月教育部下发《依法治教实施纲要（2016—2020年）》，从国家层面再次对依法治校相关工作作出明确要求。可以说相关内容的出台，为中国新时代依法治校相关工作及实践强调了意义，明确了思路，指明了方向。中国依法治校进入新时代新的发展机遇期。

进入新时代以来，教育部就于2018年年底和2019年年初先后召开了全国教育法治工作会和全国教育政策法治工作会议。相关会议指出要以习近平新时代中国特色社会主义思想和党的十九大精神为指导，认真

第六章 就学权相关咨政研究

学习贯彻全国教育大会精神和习近平总书记全面依法治国新理念新思想新战略，落实2019年度全国教育工作会议和全国教育法治工作会议要求，旗帜鲜明讲政治，坚持稳中求进总基调，攻坚克难、狠抓落实，全力书写教育政策研究和法治建设"奋进之笔"，奋力迈向教育现代化2035年。

二 新时代依法治校现状

回顾近十年依法治校历程，国家教育部和地方各级教育行政部门大力推进依法治校工作，各级各类学校积极实践依法治校。有关学校章程、教职工代表大会、信息公开、学生管理、教师权益保护等方面的规章、规范性文件不断健全，对转变各级各类学校的管理理念，提高学校依法决策、民主管理和监督的意识与水平，保障广大师生的合法权益等方面，产生了重要的推动作用。[①]

（一）法理依据发展

随着社会主义民主法制建设进程的加快，教育法律法规体系逐步得到完善，学校的法律地位发生了变化，学校与教育行政部门、举办者、教师、受教育者之间的法律关系出现了新的特点。理顺各主体之间的关系，解决教育活动中出现的新问题，实现教育为人民服务的宗旨，需要依法推进教育改革与发展，依法保障公民受教育权利。依法治校既是教育改革与发展的必然要求，也是实现教育为人民服务宗旨的重要保障。除了各省、直辖市及自治区的依法治校相关配套法律、教育行政法规、教育规章及政策，下面主要对国家及教育部等相关部委的法理依据做一梳理。

1. 教育法律

从新中国成立至今，中国教育法制建设取得了显著成绩，为教育改革和发展提供了有力的支持和保障。除了《宪法》相关规定，全国人大

[①] 孙霄兵：《依法治教全面推进的十年》，《人民教育》2012年第17期。

及其常委会制定或修订了《学位条例》、《义务教育法》（2006年修订）、《教师法》、《教育法》、《高等教育法》、《民办教育促进法》（2016年修订）《职业教育法》，以及《未成年人保护法》《预防未成年人犯罪法》等有关教育的法律，国务院制定了近20项教育行政法规，各地制定了100余项地方性教育法规，初步形成了有中国特色的社会主义教育法律体系。这些法律的出台，为依法治校提供了充分的依据和保障。

2. 教育行政法规

随着依法治校工作的大力推进，中国的教育行政法规逐渐配套完善。《中华人民共和国学位条例暂行实施办法》《普通高等学校设置暂行条例》《幼儿园管理条例》《学校体育工作条例》《学校卫生工作条例》《残疾人教育条例》《教师资格条例》《民办教育促进法实施条例》《中外合作办学条例》及《校车安全管理条例》等教育行政法规的相继出台，为依法治校的深入推进进一步保驾护航。

3. 教育规章

以教育部为主出台的教育规章进一步弥补完善法规的作用，对依法治校相关法律法规进一步细化。教育部会同相关部门出台《学校艺术教育工作规程》《中小学德育工作规程》《小学管理规程》《中小学教师继续教育规定》《幼儿园工作规程》《流动儿童少年就学暂行办法》《学生伤害事故处理办法》《高等学校专业设置规定》《高等学校学生管理规定》《国家教育考试违规处理办法》《民办高等学校办学管理若干规定》《独立学院设置与管理规定》《中外合作办学条例实施办法》《中小学幼儿园安全管理办法》《幼儿园工作规程》《高等学校消防安全管理规定》《学校教职工代表大会规定》《高等学校章程制定暂行办法》《普通高等学校学生管理规定》等。2019年4月教育部办公厅印发《禁止妨碍义务教育实施的若干规定》，再次强调保障义务教育阶段学生权益事宜。值得强调的是2012年11月13日以教育部第34号令形式发布最新规章，即《学位论文作假行为处理办法》；2016年出台《关于开展校园欺凌专项治理的通知》，2017年出台《义务教育学校管理标准》，2018年8月

第六章 就学权相关咨政研究

国务院出台《国务院办公厅关于规范校外培训机构发展的意见》（国办发〔2018〕80号），2019年3月教育部办公厅下发《关于进一步规范和加强研究生培养管理的通知》，相关规章的出台将在规范学位论文管理，推进建立良好学风，提高人才培养质量方面起到重要作用。

4. 政策依据

政策是法律的生命，亦是法律实践的助推器。为了大力推进依法治校工作，21世纪初至今，以党中央、国务院及教育部名义出台的直接性依法治校政策有：2003年教育部分别下发《关于加强依法治校工作的若干意见》《关于开展依法治校示范校创建活动的通知》；2010年7月8日以中共中央、国务院名义下发《国家中长期教育改革和发展规划纲要（2010—2020年）》；2012年11月22日教育部下发《全面推进依法治校实施纲要》；2016年1月教育部下发《依法治教实施纲要（2016—2020年）》；2017年9月中办、国办联合印发《关于深化教育体制机制改革的意见》；2017年国务院下发《国家教育事业发展"十三五"规划》；2019年以党中央、国务院名义下发《中国教育现代化2035》。可以说，这些重要政策的出台，为法律规章的具体落实打了一剂强心针，本身也是对依法治校相关工作推进的有力指导，大大促进了中国依法治校的进程。

应该看到，自2003年以来，各地和学校普遍重视学校章程和制度建设，加强校长和教师法制培训，积极创建依法治校示范学校，探索了不少成功的经验，依法办学和依法管理的意识和能力明显提高。以重庆市为例，不仅率先在全国出台了国家地方第一部关于教育考试的法律——《重庆市国家教育考试条例》（2007年5月18日重庆市第二届人民代表大会常务委员会第三十一次会议通过），还积极探索依法治校的建设工作。同时，重庆市教委委托专业评估机构科学设计依法治校评估指标，至今高效完成了前六批依法治校示范校工作，截至2019年5月，全市已经有近10所学校被评为国家级依法治校示范校，356所学校被评为市级依法治校示范校。综上可见，国家及各地方依据教育法律法规，结合本地实际，进一步完善了教育法律体系，为依法治校奠定了法律和制度基础。

（二）依法治校成效

通过我们比较梳理全国相关省、直辖市及自治区的依法治校现状，结合实地调研（现场问卷、测试、访谈等方式）及2017年重庆市最新结束的第六批依法治校示范校创建评估工作实际掌握情况，发现在国家及教育部大力倡导推进的依法治校良好氛围下，加之当下正在进行的普法的助力作用，中国各级各类学校对依法治校相关工作普遍重视，成效明显。

1. 高度重视，认识到位

各省、自治区及直辖市相关学校及区县教育主管行政部门非常重视，把依法治校工作列入本辖区及学校的首要问题加以重视。相关学校对依法治校工作高度重视，工作思路明确，彰显了依法办学思想。以重庆市2017年依法治校示范校创建工作为例，申报参评学校创历次申报评选之最，自2012年第四批依法治校评估工作开展以来，部分区县开始申报并报送市教委的学校名额远远超过文件规定的最高限额。在现场评估检查时，有的区县教育党政一把手主动请求与评估专家组随行，一方面是了解熟悉本辖区学校相关情况，另一方面认为是难得的对自己管辖区域教育的一次依法治校大会诊。

2. 机构完善，保障有力

绝大多数学校依法治校组织机构完善，构建了完善的依法治校工作网络。成立了依法治校领导小组，由校长任组长，下设办公室，具体组织依法治校工作实施。构建了包括党群、工会、团委等完善的依法治校工作推进网络，做到了全员参与依法治校。同时学校制定了较为完善的学校章程，其他相应规章制度完备，为依法治校工作从制度、机构等方面提供了强有力的保障。

3. 重视权益，民主管理

各级各类学校积极推进民主管理，师生合法权利得到有效保障。绝大多数学校以相关省市依法治校示范校创建为契机，有力地推进了依法治校工作，实现了校务公开、财务公开。各级教育行政部门对各学校的考评制度有效，多数学校绩效工资实施的效果为教师肯定。学校坚持民主管理，畅通民主渠道，充分发挥工会、教代会、家委会、学生会作用，全校依法治校氛围良好，成立了校内纠纷调解委员会和师生申诉机构，有效保障了全校师生员工的合法权益。

4. 积极宣传，落到实处

绝大多数学校法制教育宣传工作落到实处，执行力较强。宣传活动内容丰富，形式多样，学校组织师生学习相关法律法规及法规知识测试；通过综合实践活动、专家讲座及丰富多彩的法治专题会演，对师生进行法制教育培训及知识普及；结合学习实践科学发展观活动、创先争优活动及"不忘初心，牢记使命"主题教育活动，深入推进法制教育和依法治校进程，较大程度地提高了师生法律素养，法制意识深入人心。

三 依法治校存在的主要问题及建议

《全面推进依法治校实施纲要》及《依法治教实施纲要（2016—2020年）》等指出：要深刻认识全面推进依法治校的紧迫性。2003年教育部《关于大力加强依法治校工作的通知》发布以来，与教育改革发展的新形势、新任务相比，在取得依法治校相关工作很大成绩的同时，与全面推进依法治国和新时代"中国之治"的新要求相比，依法治校还存在相应差距。

（一）本科院校存在的主要问题及建议

1. 加强对学校章程、制度的联系和关系的认识

章程是学校的宪法，现代大学制度的关键环节，依据教育的最新要求，章程的内容要做相应的修订与制定。高等学校应该深刻理解依法治校的内涵，需要实行"民主"的管理方式、遵循依法办事的"法治"原则，充分体现"法治"的精神，克服用"以法治校"取代"依法治校"，

避免用"以罚治校"取代"依法治校"。① 学校要进一步按教育部要求及最新高校学术规范等现状和要求修订学校章程，除了突出学校主体特点，办学还要有一些新思考，比如提倡教职工依法参与学校管理，真正建设好职称评定委员会、学术委员会等组织。

2. 以学生为本，加强学生权益保护

学生的能力和水平是我们学校的衣食父母。国家按生均定额拨款，没有学生就下岗，高校应该发挥学生的自我管理的主观性，建设更多的锻炼平台，建立完善学生申诉机制和与学校对话交流的平台。在平常的教学管理、学生工作及日常生活中加强学生权益维护，尤其是应该进一步加强信息时代网络权益的维护与指导。

3. 教师、学生民主管理参与面有待进一步扩大

相关高校理工科教师、学生参与学校法制建设的热情还可以进一步提高。如可以以学校年级管理为主，进一步调动学生的自我管理积极性，促进教职工参与到学校的事务中来，积极拓展沟通渠道。教师是高校办出特色的依靠，需要给他们提供更多的发展平台。为此，相关学校需要在民主管理方面向深度推进。

4. 处理好与周边的关系，加强家长、社区的互动机制

大学某种意义上是没有围墙的学校，高校应该与社区建立联防联动机制。要争取社区、企业对学校的支持，共建校园周边环境。中国处在转型时期，重视家长对学校的各种合理诉求，建立一个好的机制，质量立校，依法治校。

（二）高职及民办院校存在的主要问题及建议

1. 加强学校章程建设工作

章程建设是个系统工作。由于多数高职院校及民办院校成立不久，有的学校还存在以"发展规划"代替章程现象；有的学校有章程但不规范，或者章程制定程序不完善。学校章程是学校的总纲，需要高度重视，

---

① 何学：《高校依法治校的内涵》，《中国成人教育》2012 年第 8 期。

第六章 就学权相关咨政研究

相关工作有待于进一步加强。相关高校，尤其是高职院校及民办院校更应该加强章程的落实工作。

2. 加强学生权益保障

有的高职及民办院校学生参加实训、实习机会与人数相对较少，学生实训、实习权益有待于进一步加强。有的校园面积较小，亟须改善学校教育教学条件。相关教育行政主管部门、经济实体及学校主体应加大学校投入力度，改善学校办学条件，提高学校办学水平，从而达到提高学校办学质量，进而充分保障高职学生合法权益。

3. 师生法治教育形式较为单一

有的高职及民办院校法制教育活动形式过于单调，学生参与度不够，法制课的针对性不太强，效果欠佳。教师的法律知识测试不够理想。可以通过一些新媒体、举办专题法制教育晚会等方式来宣传依法治校工作，同时要处理好学生法制教育和道德教育两者之间的关系。

4. 制度的规范性有待于进一步加强

有的高职及民办院校制度中没有发布时间，有的没有施行时间。还有的老师反映，对有些制度不是太了解。制度的规范是前提，通过规范可以达到科学决策，可以达到分工负责。

5. 加强校园法治及安全环境建设

有的高职及民办院校存在着一定程度的失窃的现象，校园周边环境不太好。新校区的问题是建设中的问题，老校区的问题是历史遗留问题，都在一定程度上影响着学校的发展。学校要会同当地政府想办法对环境问题加强整治，至少保证不出现一些安全隐患、宿舍失窃、食品卫生等问题。同时加强与政府的协调，确保学生出行、食品、校园安全、学生出行方便。

（三）中等职业（成人）学校及中小学幼儿园存在的主要问题及建议

1. 加强认识

如前所述，依法治校的重要性不言而喻。当前很多省市没有将幼儿园纳入依法治校示范校（园）的范畴，这点应该引起相关政府教育主管部门的重视。有的省市及区县教育行政部门本身认识不到位、个别学校校长及学前教育机构幼儿园园长法治观念淡漠，依法治校认识出现常识性错误，有的学校甚至将依法治校完全等同于安全管理工作。

2. 加强学校章程制定工作

一校一章程，新时代中小学校幼儿园等办学机构的学校章程是学校的母法。中国基础教育阶段部分学校缺乏，在检查评估时临时编凑，审核机制不完善，相关领导意识欠缺。从总体上讲，中国学校（中小学及幼儿园）章程建设工作仍没有全面深入地展开，在章程建设过程中仍存在一些不容忽视的问题。① 因此，新形势下，加强中等职业（成人）学校及中小学章程的建设很有必要。《全面推进依法治校实施纲要》及《依法治教实施纲要（2016—2020年）》已经对基础教育阶段学校章程的必要性作出了明确要求，有法必依，相关工作有待于进一步加强，也需要相应教育行政主管机构加强指导。同时，需要根据学校章程进一步完善学校各项规章制度，对不符合学校章程的文件规章进行及时清理和修改、调整。

3. 常规工作应常抓不懈

依法治校工作非一日之功。通过调研发现，依法治校本身应该作为一项常态工作加以开展，学校应该确保档案资料的完整性和规范性。进一步完善和规范档案工作，资料整理和归类，让依法治校形成常态化。同时，为更好地推进依法治校工作，需要真正做到依法治校的"五落实"，特别是经费的落实显得尤为重要。同时，相关学校需要进一步加强对校园周边环境的整治，加快校内危房改造，确保校园的安全稳定。

4. 健全师生申诉机构，保障师生权益

学校应该成立申诉机构，完善和规范学生违纪处分及中小学生欺凌等应对程序，确保学生的合法权益。新《义务教育法》强调了对非户籍所在地，特别是流动人口子女接受义务教育的问题；确定了流动人口子

---

① 陈立鹏等：《中国中小学章程建设现状与思考》，《中国成人教育》2012年第8期。

第六章 就学权相关咨政研究

女居住地人民政府要为他们提供平等接受义务教育的条件,这将会对城市化进程的平稳推进起到关键性作用。进一步建立健全教代会、教师申诉制度,增强决策机制、教代会运行机制的执行力和效率,加强师生的民主监督、民主参与。厘清决策机构、教代会、工会三者的关系。

5. 加强法制教育宣传和教育对象的延伸

中小学应该加强法制教育文化氛围的营造,紧密联系《青少年法治教育大纲》等最新教育政策法规进一步强化法制的系统教育。由于相关学校年轻教师多、学生多的特点,特别需要进一步加大法制宣传教育力度,强化师生员工的法制意识,做到制度上墙、标志标识明晰、安全警示标识完整;进一步将法制教育融入学科教学之中,做到每个教师在学科中进行法制教育,学生在学习中接受法制教育;进一步加强教职工的制度教育,将学校的各项制度和上级的制度有效地传递给教师,让每个教师都知晓。法制教育的对象应该延伸到家庭和社区,特别是校园内的居住人员,他们在校园内进出,他们的言行举止直接对学校、社会产生影响,应该将法制教育延伸到他们的身上。另外也需加强对学前阶段儿童及家长的法制宣传教育。同时也加强中国基础教育70年依法治校成就的宣传,中国基础教育的成就、基本经验和政策启示是:坚持中国特色社会主义教育道路,国家为基础教育制定统一规划等。[①]

四 几点思考

前述依法治校相关问题的出现不是一日而积。解决以上问题,必须进一步深化教育改革,加快转变政府职能及各级各类学校观念,全面加快推进依法治校。2019年全国教育政策法治工作会议明确强调要全面推进依法治教,加快立法工作步伐,推动教育执法体制改革,优化依法治校体制机制,增强教育部门依法行政能力,创新开展青少年宪法法治教育。

[①] 孙宵兵、徐玉玲:《中国基础教育70年:成就与政策》,《课程教材教法》2019年第2期。

◆◇◆ 就学权研究 ◆◇◆

（一）依法治校工作应该做到"四个本"

依法治校应"以法为本"：依法治校要放在依法治国和"中国之治"的视域下看待，是依法治教的具体体现，是落实依法治理的必然要求，是建设现代学校制度的必然趋势；依法治校要"以校为本"：依法治校示范校的创建及评估工作应该与时俱进，从学校的长远发展大计出发加以评估、评议及发展性、建设性评价，评估工作应该改变传统的评价模式；依法治校宜"以人为本"：在学校主要就是以"法人"及法定权益主体、章程及机构为本，不能肤浅理解依法治校的内涵；依法治校当"抓住根本"：依法治校工作应该抓住法制环境"牛鼻子"，将依法治校工作作为学校常态与生态，与学校的制度体系及法治文化建设、日常的管理及教育教学工作有机结合。

（二）强化主管部门业务指导及校（园）长法制理念培养

省级教育厅（教委）政策法规处可以进一步加强对各区县教育行政部门的业务指导，同时也加强依法治校工作的常规督查。各区县可以在本区域依法治校示范校评估的基础上开展省市级依法治校示范校评估推荐验收。同时，各区县教委切实加强对辖区内学校依法治校工作的指导，并将其纳入年度考核。依法治校是学校办学且运行良好的法宝。同时，要加强校长法制意识的培养。学校领导班子必须高度重视依法治校工作，把依法治校作为办学指导思想，深入学校各项工作中去，依法办学、依法办事，一个依法治校的好校长才能带动一所学校的良性优质发展。

（三）理顺工作机构，优化依法治校体制机制，建设专业队伍

在依法治国的背景下，教育部早在2012年年底就已经出台《全面推进依法治校实施纲要》，将依法治教、依法治校工作提高到前所未有的高度并对各省市提出了明确的要求。由于依法治校工作的重要性，建议进一步理顺国家部委及省市级所属相应高校、直属单位、区县教育行政主管部门与相应部门的对应工作机构，并明确要求依法治校工作机构的人员专业性及编制保证。不可否认的是，中国当下有的高校相应机构人员由其他部门人员兼任，部分省市下属区县将政策法规科的功能主要定

第六章　就学权相关咨政研究

位为安全管理功能，有的校长法治意识淡薄，政策法规水平较为欠缺。省市级教育厅（教委）政策法规处可以充实人员力量，相关高校、各区县教委相应科室应该配备教育政策法规水平较高的人员及专业人员。建设一支高水平的具备教育政策与法规（教育法学）相关专业知识背景的专业管理队伍及研究人员已经成为大势所趋。

（四）完善评估工作及常规检查

各省市应该加强依法治校示范校创建工作，以评促建，建议加强依法治校示范校（幼儿园）创建过程的指导，将依法治校工作常态化，比如在每次评估工作前开展针对被评学校的评估指标理解培训等。由于评选对象的差异性，建议在相应评估指标基础上研制针对不同类别学校指标。在评估检查时可以通过专项检查、重点检查等多种方式进行。相关学校需要完善并及时修订学校章程，根据章程制定相关制度，落实校内依法治校自查工作。各级教育行政主管部门及学校、幼儿园主体应将依法治校工作作为常态工作，以此促进中国教育事业的大发展。

（五）建立载体平台，加强生态环境建设

学校的依法治校可以通过主要制度、基本制度、配套制度形成联动，通过搭建相应平台建设依法治校良性载体，以此真正推进依法治校工作与学校的教育教学工作有机统一，进一步促进学校依法发展。相关部门及各级学校可以有针对性地加强相关工作的宣传，同时也为示范校作用的发挥搭建平台。学校本身就是社区、街道宣传依法治国精神的主要阵地。通过依法治校示范校创建过程的新闻宣传报道等多种渠道可以让社会及其他学校更加积极地参与教育事业，同时也是普法工作精神的具体彰显，以此构建依法治校内外之良性社会生态环境。

我们知道，依法治校工作已经成为教育系统落实依法治国基本方略，全面推进依法治教的重要方面。面对当前教育政策法治工作的新形势、新任务，要以习近平新时代中国特色社会主义思想和党的十九大精神为指导，认真学习贯彻全国教育大会精神和习近平总书记全面依法治国新理念新思想新战略。为办好更加优质更有质量的新时代中国教育，相信通过教育行政主管部门及广大教育工作者、权益主体、家庭及社会的共同努力，依法治校必将成为推进中国学校管理理念变革和管理制度创新的重要手段；成为学校提高管理水平和教育质量，构建法治、民主、和谐育人环境，全面实施素质教育的重要途径；成为落实学校办学自主权，促进学校朝着依法治理路径发展，形成学校自主发展、自我管理、自我约束建设现代学校制度的基础。

第七章

教育之道与教育法之道的中心追求

作为一位教育学者，必须要懂得何为教育之道；同理，作为教育推行的重要保障，追溯教育法之道也是我们不容回避的事实。和谐社会的和谐之道更是将二者紧密相连。有鉴于此，本书拟对教育之道与教育法之道及二者之中心追求加以阐述，以期清源正本，就正方家。

一 道的元义

"道"是一个合体字，在《甲骨文字典》（徐中舒主编，四川辞书出版社，1989年5月第一版，2003年3月第6次印刷）与《康熙字典》中均无该词条。

"道"在《辞源》中的词条第共有十个义项，其中依次为道路；方法、技艺；规律、事理；思想、学说；说；先秦诸子有道家，魏晋以后有道教，省称道；祭路神；古代行政区划名；量词；姓。显然前四个解释符合此文对道的运用，又尤以第三个最佳。即道是规律、事理。易说卦："是以立天之道曰阴曰阳，立地之道曰阳曰阴，立地之道曰柔曰刚，立人之道曰仁曰义。"

在英文中，"道"的拼写为way。那么我们首先来看看way本原意义，在《英汉大词典》中way/wei/（名词）共有23个义项，其中第一个义项为"方法、手段；方式；样式；"第二个义项为（某个）方面；（某）点；第三个义项为（常用以构成复合词）参与方，有关方面；第四个义项为方向。

可见，不管是"道"的中文含义还是英文含义，都潜含着一个含义，即"道"是一种事物规律、本原、本体方向的代名词，属于形而上的概念，属于思维层次的一种存在。

二 教育之道

明白了"道"的含义，教育之道就好理解了。

所谓教育之道即对教育规律本原本体的理解。我们此处所讲的教育之道指广义上的教育之道，即天地万物中的道，即天地人系统中这个大教育体系中的教育之道，而非仅仅指校内教育之道。

在南北朝梁代刘勰的《文心雕龙·原道》开篇有如此之语，"文之为德也大矣，与天地并生者何哉？夫玄黄色杂，方圆体分，日月叠璧，以垂丽天之象；山川焕绮，以铺理地之形；此盖道之文也"。此处之"文"非文学作品之文，也非文化之文，而是类似于现代德国哲学家恩斯特·卡西尔所著《人论》中所提的"符号"。此处之"道"，既原来之道，元本之道、本色之道、自然之道的意思。我们经常"道德"连用。在《易·系辞（下）》中有类似的话，即"天地之大德曰生，圣人之大宝曰位"。即指天地万物的根本之道在于和谐共生且生生不息的发展。圣人最可贵之处在于找到了恰当的合适的位置生长原点。当然，教育也不例外。教育之道当然指教育中各因素的生生不息之发展，和谐共生之进步。

明白了教育之道，我们便不会再去破坏教育本系统内的自在结构。同时，我们也更不会去破坏与教育在一起的天地人系统这个大自在结构。懂得了教育之道，就可以不再犯英国疯牛病起因所导致的错误（破坏牛的基因蛋白结构而使牛的基因发生变异）去任意破坏事物的和谐结构，就算以"科学"的名义，也应该尊重教育之道中所指的和谐稳定共生的元义。

之所以如此，首先是因为天地万物一旦产生出来就不再是一个孤立的现象，每一个生命物种必然是一个系统，作为受教育主体的人而言亦不例外；第二，我们应明白，每个环节必然有一个生存系统，同时还有一个与其他的环境系统的相互交往。其他系统的相互作用又决定了一个生态。在

第七章 教育之道与教育法之道的中心追求

这方面,马克思主义也有精彩的论述,认为未来的共产主义社会是"以每个人的全面而自由的发展为基本原则的社会引式"①,"在那里,每一个人的自由发展是一切人的自由发展的条件"②。

于是,我们明白,教育之最大的道便在于使受教育者生命发展。动物的教育也是这样,动物教小动物尽管是本能,但也是为其生命的发展;我们人的教育之道更是为了提升生命的本质与素质,不管是传递文化的自在教育,还是伟承文明的自为教育无不如此。教育的最大目的不是培养什么家,而是培养人,培养活人,培养和谐之人。人的独特性、复杂性、和谐性才是教育的出发点。真正的教育,真正的教育之道,是对生命的理解与尊重,是对受教育者服务的教育。我们千万不能把教育的外在形式手段当作教育本身。重构教育之道的价值观,《回归教育之道》一文给出了三种方式,其一为"和而不同",其二为"君子不器";其三为"与天地参"。③ 对教育之道的思考,是解决当今教育所面临的诸多难题的根本思路和关键环节,也是促进和谐社会建构的基本前提。

三 教育法之道

如前所述,教育法是教育的重要保障,也是构建和谐社会之道的重要组成部分。我们只有搞清楚了教育法的元本、规律、本体,才能更好地让天地人系统和谐共生,才能做到真正的意义上的"以人为本"和"发展人"。

从狭义角度讲,所谓教育法是国家法律体系中的一部分,它的任务是调整教育活动中的教育法律关系,所谓教育法学是指以教育学和法学为理论根基,以研究教育法,教育法律现象及法律现象问题为研究对象的一门新兴交叉学科。从广义的角度讲,教育法则是为了人的发展而存

---

① 《马克思恩格斯全集》(第23卷),人民出版社1972年版,第649页。
② 《马克思恩格斯选集》(第1卷),人民出版社1972年版,第273页。
③ 倪胜利、张诗亚:《回归教育之道》,《中国教育学刊》2006年第9期。

在的一种与教育及法两种事物密切相关的一种存在与活动。本书所指主要是广义角度的教育法。

教育法（学）的研究对象是教育法、教育法律现象及法律现象问题，所以教育法（学）的研究首先要符合教育的特点和规律，这是其作为一种与教育相关的活动所必须遵循的道。也就是说，教育法之道首先就是要遵循其教育之道，这是其存在之前提。同时，由于其自身存在的特点，其必须应用法学基本原理，概念去分析教育现象及解决其问题。用法律保障教育的发展，即教育法之道还得遵从法学之道，比如公平性原则。

当然，作为一种客观存在，教育法之道最关键的还得遵从其自身之道。随着教育法（学）研究的日益深入，有关教育法（学）的基础理论研究显得尤为重要，比如教育权与受教育权的研究。众所周知，人权决定了受教育权，人权决定了教育的公益性；同时，受教育权又是人生存权的一部分。所以教育法之道很大意义上体现在教育权与受教育权的公益性、公平性上。换句话说，教育法之道即受教育权之道、人权之道。我们知道，教育权是教育法律赋予一定的主体有权承担教育的资格。教育权是指为实现公民的学习权利和接受教育的义务而由各教育关系主体享有的各项权利（职权）的总和。教育权一般包括国家的教育权、社会教育权和家庭教育权三个部分。而受教育权是人最基本的人权之一，影响着人的生存与发展。所以教育法之道就是发展保障人的各项权益并最大限度地发挥人的潜力之道。

鉴于此，教育法之道从某种意义上讲体现为教育法的价值判断。正如陈鹏等人所言，从本质上说，对教育法的价值，视角、侧面的研究，就是对教育法的价值的不同层面、类型的揭示和概括，其本身无优劣之分，只能说哪种分类更合理、科学地反映了教育法价值的真谛。教育法的价值就是教育法的存在、发展的属性对主体（社会、个人）需要的满足状态及程度。体现为教育法的外在价值（是什么）与内在价值（应当是什么）。简言之，教育法之道是教育法的主客体主观意志与客观规律性的统一，教育

第七章 教育之道与教育法之道的中心追求

法自身存在的阶级性与社会性的统一,法律性与教育性的统一。

四 教育之道与教育法之道的关系及二者之终极追求

据前文,我们知道,教育之道是与教育有关现象及规律的根本之道、理论之基。而教育法之道亦不例外;教育法之道要体现教育之道又有着自身特点。同时,教育之道与教育法之道,又构成被保护与保护的关系,教育法之道是实施教育之道的重要保障,教育之道指引着教育法之道的方向。从学科范式的角度讲,教育之道是一个上位概念,而教育法之道则属于下位概念。由此,我们可得一启示:判断一门学科的标准归宿,应该看其直接及终极目的的"合"(统一),而非只看其研究实践中使用的手段及这个过程中所涉及的知识。简言之,法为教育服务,教育为法指路。倘既如此,教育法学的上位学科一级学科理应是教育学而非法学。只有这样,我们才能心安理得正大光明地找到教育法学之归宿以寻求其未来之发展。同时,我们也明了教育的中心之追求。

于是,我们可以说教育之道是人类发展永恒的追求,教育法之道是教育之道的具体体现,二者统一于和谐之道。本书对就学权利的探究就是对这一和谐之道的真切实践。中共中央、国务院2019年印发的《中国教育现代化2035》是指引当前我国及今后较长时间的精神方向。其在重点部署的面向教育现代化的十大战略任务之第四大任务中着重指出:实现基本公共教育服务均等化。提升义务教育均等化水平,建立学校标准化建设长效机制,推进城乡义务教育均衡发展。在实现县域内义务教育基本均衡基础上,进一步推进优质均衡。推进随迁子女入学待遇同城化,有序扩大城镇学位供给。完善流动人口子女异地升学考试制度。教育扶贫精准化不仅体现在扶贫对象、扶贫方式上,更需要明确贫困人口对教育的真实需求。[①] 实现困难群体帮扶精准化,健全家庭经济困难学生资

[①] 王灵桂、侯波:《精准扶贫:理论、路径与和田思考》,中国社会科学出版社2018年版,第127—128页。

助体系，推进教育精准脱贫。

随着人类社会的发展进步，随着"中国之治"教育治理的不断完善，教育之道与教育法之道二者的每一个方面均会走向对人的中心关怀之道：人道。为此"人道"，吾愿且所有之教育人均应毕生去奋斗："天地之大德曰生"，让更多的孩子成为和谐生长的孩子，让更多的人成为和谐生长的人，尊重天地人系统，尊重孩子、学生的就学权等在内的权益，让每一个孩子、学生都能享受到更加公平更有质量的教育，让"人"这个符号于每一个个体生命中熠熠生辉。

参考文献

《马克思恩格斯选集》（第1卷），人民出版社1972年版。

《马克思恩格斯全集》（第23卷），人民出版社1972年版。

张维平：《平衡与制约——20世纪的教育法》，山东教育出版社1995年版。

陈伯礼：《授权立法研究》，法律出版社2000年版。

程燎原、王人博：《权利及其救济》，山东人民出版社1998年版。

邓正来：《国家与社会——中国市民社会研究》，四川人民出版社1998年版。

夏秀蓉、兰宏生：《工读教育史》，海南出版社2000年版。

夏勇：《人权概念起源——权利的历史哲学》，中国政法大学出版社2001年版。

许育典：《法治国与教育行政——以人的自我实现为核心的教育法》，台北高等教育文化事业有限公司2002年版。

马长山：《国家、市民社会与法治》，商务印书馆2002年版。

劳凯声：《变革社会中的教育权与受教育权：教育法学基本问题研究》，教育科学出版社2003年版。

孙霄兵：《受教育权法理学：一种历史哲学的范式》，教育科学出版社2003年版。

龚向和：《受教育权论》，中国人民公安大学出版社2004年版。

周伟：《宪法的基本权利司法救济研究》，中国人民公安大学出版社2004年版。

朱力宇：《依法治国论》，中国人民大学出版社2004年版。

汪进元：《良宪论》，山东人民出版社2005年版。

温辉：《受教育权入宪研究》，北京大学出版社2005年版。

王雪梅：《儿童权利论：一个初步的比较研究》，社会科学文献出版社2005年版。

史柏年：《城市边缘人——进城农民工家庭及其子女问题研究》，社会科学文献出版社2005年版。

卓泽源：《法的价值论》，法律出版社2006年版。

秦国荣：《市民社会与法的内在逻辑——马克思的思想及其时代意义》，社会科学文献出版社2006年版。

翟博：《教育均衡论：中国基础教育均衡发展实证分析》，人民教育出版社2007年版。

夏勇：《走向权利的时代：中国公民权利发展研究》，社会科学文献出版社2007年版。

范履冰：《受教育权法律救济制度研究》，法律出版社2008年版。

芦琦：《古代受教育资格与权利实现》，法律出版社2008年版。

鲁哲：《论现代市民社会的城市治理》，中国社会科学出版社2008年版。

张国胜：《中国农民工市民化：社会成本视角的研究》，人民出版社2008年版。

沈敏荣：《市民社会与法律精神：人的品格与制度变迁》，法律出版社2008年版。

刘传江等：《中国第二代农民工研究》，山东人民出版社2009年版。

熊光清：《中国流动人口中的政治排斥问题研究》，中国人民大学出版社2009年版。

刘祖云：《香港社会中的弱势群体及其社会支持》，北京大学出版社2009年版。

王柱国：《学习自由与参与平等：受教育权的理论和实践》，中国民主法治出版社2009年版。

王竹林：《城市化进程中农民工市民化研究》，中国社会科学出版社2009

参考文献

年版。

周宗宪等：《宪法与人权》，台北元照出版公司2009年版。

王竹林：《城市化进程中农民工市民化研究》，中国社会科学出版社2009年版。

伍俊斌：《公民社会基础理论研究》，人民出版社2010年版。

杨长云：《公众的声音：美国新城市化嬗变中的市民社会与城市公共空间》，厦门大学出版社2010年版。

翁里：《国际移民法学》，浙江大学出版社2010年版。

熊文钊：《少数民族受教育权保护研究》，中央民族大学出版社2010年版。

袁振国：《中国进城务工农民随迁子女教育研究》，教育科学出版社2010年版。

倪洪涛：《大学生学习权及其救济研究》，法律出版社2010年版。

国家人口和计划生育委员会流动人口服务管理司：《流动人口理论与政策综述报告》，中国人口出版社2010年版。

熊易寒：《城市化的孩子：农民工子女的身份生产与政治社会化》，上海人民出版社2010年版。

韩水法、黄燎宇：《从市民社会到公民社会：理解"市民—公民"概念的维度》，北京大学出版社2011年版。

尹力：《儿童受教育权：性质、内容与路径》，教育科学出版社2011年版。

邓正来：《国家与市民社会：中国视角》，上海人民出版社2011年版。

吴霓：《农民工子女异地中考政策研究》，教育科学出版社2011年版。

范先佐：《人口流动背景下的义务教育体制改革》，中国社会科学出版社2011年版。

张慧洁等：《二战以来各国迁徙人口教育保护政策：兼论流动人口子女受教育权的法学问题》，吉林大学出版社2011年版。

耿焰：《少数人差别权利研究——以加拿大为视角》，人民出版社2011年版。

朱力：《转型期中国社会问题与化解》，中国社会科学出版社2012年版。

159

俞可平：《中国治理评论》，中央编译出版社2012年版。

国家人口和计划生育委员会流动人口服务管理司：《中国流动人口发展报告.2012》，中国人口出版社2012年版。

范先佐等：《人口流动背景下的义务教育体制改革》，中国社会科学出版社2012年版。

陈晨：《教育贫困反思：关于农民工流动子女的研究》，知识产权出版社2012年版。

刘杨等：《流动儿童社会处境、发展状况及影响机制》，北京大学出版社2013年版。

王灵桂、侯波：《精准扶贫：理论、路径与和田思考》，中国社会科学出版社2018年版。

[法] 皮埃尔·布尔迪厄：《文化资本与社会炼金术——布尔迪厄访谈录》，包亚明译，上海人民出版社1997年版。

[美] 约翰·罗尔斯：《正义论》，何怀宏等译，中国社会科学出版社1998年版。

[日] 大须贺明：《生存权论》，林浩译，台北元照出版公司2001年版。

[加] 威尔·金利卡：《多元文化的公民身份：一种自由主义的少数群体权利理论》，马莉、张昌耀译，中央民族大学出版社2001年版。

[英] 杰夫·惠迪、萨莉·鲍尔、大卫·哈尔平：《教育中的放权与择校——学校、政府和市场》，马忠虎译，教育科学出版社2003年版。

[法] 让-雅克·卢梭（Jean-Jacques Rousseau）：《论人与人之间不平等的起因和基础》，李平沤译，中国人民大学出版社2004年版。

[德] 格奥尔格·威廉·弗里德里希·黑格尔（Georg Wilhelm Friedrich Hegel）：《法哲学原理》，杨东柱等编译，北京出版社2007年版。

[加] 威尔·金里卡（Will Kymlicka）：《多元文化的公民身份———一种自由主义的少数群体权利理论》，马莉等译，中央民族大学出版社2009年版。

[美] 苏黛瑞：《在中国城市中争取公民权》，王春光等译，浙江人民出版

社 2009 年版。

［美］S. 亚历山大·里帕（S. Alexander Rippa）：《自由社会中的教育：美国历程》，於荣译，安徽教育出版社 2010 年版。

［美］内尔达·H. 坎布朗－麦凯布（Nelda H. Cambron McCabe）等：《教育法学——教师与学生的权利》，江雪梅等译，中国人民大学出版社 2010 年版。

［瑞士］丽狄娅·R. 芭斯塔·弗莱纳（Lidija R. Basta Fleiner）：《少数人的权利》，李林等译，社会科学文献出版社 2010 年版。

陈玉云：《流动人口子女教育问题综述》，《教育探索》2004 年第 2 期。

桑锦龙、雷虹、郭志成：《我国城市流动人口随迁子女高中阶段入学问题初探》，《教育研究》2009 年第 7 期。

闫广芬、吴俊：《中国义务教育发展轨迹审视——从教育法制建设看义务教育权利的保障》，《中国法学教育研究》2011 年第 4 期。

阮成武：《高考改革的公平性需要法律保障》，《教育发展研究》2011 年第 8 期。

杨颖秀：《新生代进城务工农民子女的教育政策需求及政策制定方式的转变》，《教育研究》2013 年第 1 期。

袁同凯、郭淑蓉：《回顾、评述与反思：教育公平问题研究综述》，《民族教育研究》2013 年第 6 期。

陈恩伦：《论学习权》，博士学位论文，西南师范大学，2003 年。

马千里：《论流动人口权利的法律保护》，硕士学位论文，湖南大学，2007 年。

孙军：《市民社会理论视野下的高等教育管理体制研究》，硕士学位论文，南京师范大学，2008 年。

全国人大常委会法制工作委员会：《中华人民共和国法典》，法律出版社 2002 年版。

国务院：《关于做好进城务工人员随迁子女接受义务教育后在当地参加升学考试工作的意见》，2012 年。

◇◇　就学权研究　◇◇

Ishmael I. Munene、Sara J. Ruto, *The Right to Education for Children in Domestic Labour: Empirical Evidence from KENYA*, International Journal of Disability, Development and Education, Vol. 57, No. 1, 2007.

Barbara Laubenthal, *Literacy as Social Reproduction and Social Transformation: The Challenge of Diasporic Communities in the Contemporary Period*, Ethnic and Racial Studies, Vol. 34, No. 8, 2011.

附　录

调查问卷及访谈提纲(部分)

流动人员子女就学权保障研究基本情况调查
(小学生问卷)

亲爱的同学：

你好！本调查想了解你对流动人员子女就学权保障的看法。此次问卷调查不记名，我们将对你填写的内容严格保密，你所填写的资料对我们研究非常重要，请你对每个问题进行回答，不要漏填。你的个人资料我们将严格保密，请你放心填写，并在最符合自己情况的选项序号上打"√"或文字表述。如无特殊说明，只能选择一个答案。非常感谢你的合作！

基本情况：

学校：_____学校性质：① 公办学校 ② 民办学校 ③ 公办民助或民办公助学校　④ 临时学校或无法定授权学校　年级：_____户口所在地 _____ 省（自治区、直辖市）　性别：① 男　② 女　年龄：_____（周岁）　民族：① 汉族　② 少数民族

1. 你入读现在学校前身份是：

① 父母正式工作调动子女 ② 本省（自治区、直辖市）民工子女（包括回迁民工子女）③ 外省（自治区、直辖市）民工子女 ④ 户籍为城镇居民且因父母为自由职业者（律师、自由撰稿人、独立的演员歌手等）子女
⑤ 外籍人员子女（包括港澳台籍人员子女）⑥其他，请说明_____。

2. 你入读现在小学通过什么方式进入？

① 按政策法规保障不缴费正常入学（包括正常转学）② 借读进入 ③ 缴择校费进入 ④ 不了解

3. 你认为进入现在所读学校难易程度怎么样？

① 很难　② 较难　③ 一般（可以正常入学）④ 很容易

4. 你愿意跟随父母异地读书吗？

① 愿意　　② 不愿意，谈谈你的看法：_____。

5. 你对现在就读学校的教学质量看法如何？

① 优秀　　　② 良好　　　③ 一般　　　④ 无所谓

6. 你对现在就读学校学生管理的看法如何？

① 优秀　　　② 良好　　　③ 一般　　　④ 无所谓

7. 你现在就读学校老师或领导有没有给同学们讲解流动儿童相关权益的事宜？

① 经常讲解　② 偶尔讲解　③ 从未讲解　④ 无所谓

8. 你对流动儿童相关就读学校权益等受教育权利了解情况如何？

① 非常了解　② 了解一些　③ 不了解　④ 无所谓

9. 你希望自己能达到下列哪种文化程度？

① 能识字就行　② 小学毕业　③ 初中毕业　④ 高中（中专）毕业

⑤ 大学毕业　⑥ 研究生毕业　⑦ 其他，请说明_____。

10. 你认为流动儿童相关就学（主要指入学）权利可以从哪些方面保障，请谈谈你的看法：

_____。

本次调查结束了，再次向你表示感谢！祝你不断进步，生活幸福！

附录 调查问卷及访谈提纲（部分）

流动人员子女就学权保障研究基本情况调查
（初中学生问卷）

亲爱的同学：

你好！本调查想了解你对流动人员子女就学权保障的看法。此次问卷调查不记名，我们将对你填写的内容严格保密，你所填写的资料对我们研究非常重要，请你对每个问题进行回答，不要漏填。你的个人资料我们将严格保密，请你放心填写，并在最符合自己情况的选项序号上打"√"或文字表述。如无特殊说明，只能选择一个答案。非常感谢你的合作！

基本情况：

学校：_____ 学校性质：① 公办学校 ② 民办学校 ③ 公办民助或民办公助学校　④ 临时学校或无法定授权学校　年级：_____
户口所在地 _____ 省（自治区、直辖市）　性别：① 男　② 女　年龄：_____（周岁）　民族：① 汉族　② 少数民族

1. 你入读现在学校前身份是：

① 父母正式工作调动子女 ② 本省（自治区、直辖市）民工子女（包括回迁民工子女）③ 外省（自治区、直辖市）民工子女 ④ 户籍为城镇居民且因父母为自由职业者（律师、自由撰稿人、独立的演员歌手等）子女　⑤ 外籍人员子女（包括港澳台籍人员子女）⑥其他，请说明_____。

2. 你入读初中通过什么方式进入现在就读学校？

① 按政策法规保障不缴费正常入学（包括正常转学）
② 借读进入　③ 缴择校费进入　④不了解

3. 你认为进入现在所读学校难易程度怎么样？

① 很难　② 较难　③ 一般（可以正常入学）　④ 很容易

4. 你愿意跟随父母而异地读书吗？

① 愿意　　② 不愿意，谈谈你的看法：_____。

5. 你们学校分班方式为：

① 电脑随机编班　② 根据入学测试水平或其他成绩分班

③ 与学校划片区正常入学学生混合编班

④ 与学校划片区正常入学学生分开编班　　⑤ 不了解

⑥ 其他，请说明_____。

6. 你最喜欢的分班方式为：

① 电脑随机编班　② 根据入学测试水平或其他成绩分班

③ 与学校划片区正常入学学生混合编班

④ 与学校划片区正常入学学生分开编班

⑤其他，请说明_____。

7. 你对现在就读学校的教学质量看法如何？

① 优秀　　　② 良好　　　③ 一般　　　④ 无所谓

8. 你对现在就读学校学生管理的看法如何？

① 优秀　　　② 良好　　　③ 一般　　　④ 无所谓

9. 你现在就读学校老师或领导有否给同学们讲解流动儿童相关权益的事宜？

① 经常讲解　② 偶尔讲解　③ 从未讲解　④ 无所谓

10. 你对流动儿童相关就读学校权益等受教育权利了解情况如何？

① 非常了解　② 了解一些　③ 不了解　④ 无所谓

11. 你希望自己能达到下列哪种文化程度？

①能识字就行　②小学毕业　③初中毕业　④高中（中专）毕业

⑤大学毕业　⑥ 研究生毕业　⑦ 其他，请说明_____。

12. 你打算初中毕业后做什么？

① 继续在现在就读地上普通高中　② 回老家上普通高中

③在现在就读地上高中很难，回老家上高中不适应，不知怎么办

④ 上职业学校　⑤ 不读书了，在本地或其他地方打工

⑥ 回老家务农

13. 你认为解决流动儿童（外来务工人员随迁子女）相关就学（主要包括入学、在学及升学三大方面）权利可以从哪些方面保障，请谈谈你的看法：_____。

本次调查结束了，再次向你表示感谢！祝你不断进步，生活幸福！

流动人员子女就学权保障研究基本情况调查
（中等教育阶段学生问卷）

亲爱的同学：

你好！本调查想了解你对流动人员子女就学权保障的看法。此次问卷调查不记名，我们将对你填写的内容严格保密，你所填写的资料对我们研究非常重要，请你对每个问题进行回答，不要漏填。你的个人资料我们将严格保密，请你放心填写，并在最符合自己情况的选项序号上打"√"或文字表述。如无特殊说明，只能选择一个答案。非常感谢你的合作！

基本情况：

学校：_____ 学校性质：① 公办学校② 民办学校 ③ 公办民助或民办公助学校　④ 临时学校或无法定授权学校　　年级：_____

户口所在地 _____ 省（自治区、直辖市）

性别：① 男② 女　年龄：_____（周岁）　　民族：① 汉族 ② 少数民族

1. 你入读现在学校前身份是：

① 父母正式工作调动子女 ② 本省（自治区、直辖市）民工子女（包括回迁民工子女）③ 外省（自治区、直辖市）民工子女 ④ 户籍为城镇居民且因父母为自由职业者（律师、自由撰稿人、独立的演员歌手等）子女

⑤ 外籍人员子女（包括港澳台籍人员子女）⑥ 其他，请说明_____。

2. 你通过什么方式进入现在就读学校？

① 有权参加本地高中（中职）统一入学考试并考取入学 ② 有权参加

本地高中（中职）统一入学考试未考取进入 ③ 无权参加本地高中（中职）统一入学考试、缴择校费并取得学籍进入 ④ 无权参加本地高中（中职）统一入学考试、借读进入 ⑤ 不了解

3. 你认为进入现在所读学校难易程度怎么样？

① 很难　② 较难　③ 一般（可以正常入学）　④ 很容易

4. 你愿意跟随父母而异地就学吗？

① 愿意　② 不愿意，谈谈你的看法：＿＿＿＿＿＿＿＿＿＿＿。

5. 你们学校分班方式为：

① 电脑随机编班 ② 根据入学测试水平或其他成绩分班 ③ 与学校正常录取学生混合编班 ④ 与学校正常录取学生分开编班 ⑤ 不了解 ⑥ 其他，请说明＿＿＿＿。

6. 你最喜欢的分班方式为：

① 电脑随机编班　　② 根据入学测试水平或其他成绩分班

③ 与学校正常录取学生混合编班　④ 与学校正常录取学生分开编班

⑤ 其他，请说明＿＿＿＿。

7. 你对现在就读学校的教学质量看法如何？

① 优秀　　② 良好　　③ 一般　　④ 无所谓

8. 你对现在就读学校学生管理的看法如何？

① 优秀　　② 良好　　③ 一般　　④ 无所谓

9. 你现在就读学校老师或领导有否给同学们讲解流动儿童（外来务工人员随迁子女）相关权益的事宜？

① 经常讲解　② 偶尔讲解　③ 从未讲解　④ 无所谓

10. 你对流动儿童（外来务工人员随迁子女）就读学校权益等受教育权利了解情况如何？

① 非常了解　② 了解一些　③ 不了解　④ 无所谓

11. 你希望自己能达到下列哪种文化程度？

① 能识字就行　② 小学毕业　③ 初中毕业　④ 高中（中专）毕业

⑤ 大学毕业　⑥ 研究生毕业　⑦ 其他，请说明＿＿＿＿＿＿＿。

附录　调查问卷及访谈提纲（部分）

12. 你认为流动儿童（外来务工人员随迁子女）相关就学（主要包括入学、在学及升学三大方面）权利可以从哪些方面保障，请谈谈你的看法：_____。

本次调查结束了，再次向你表示感谢！祝你不断进步，生活幸福！

流动人员子女就学权保障研究基本情况调查
（家长问卷）

尊敬的家长：

您好！本调查想了解您对流动人员子女就学权保障的看法。此次问卷调查不记名，我们将对您填写的内容严格保密，您所填写的资料对我们研究非常重要，请您对每个问题进行回答，不要漏填。您的个人资料我们将严格保密，请您放心填写，并在最符合自己情况的选项序号上打"√"或文字表述。如无特殊说明，只能选择一个答案。非常感谢您的合作！

1. 您的孩子现在就读学校：_____年级：_____就读学校性质：①公办学校　②民办学校　③公办民助或民办公助学校　④临时学校或无法定授权学校

2. 您孩子的户口所在地_____省（自治区、直辖市），孩子具体户口状况是：

①农业　　　　②非农业

3. 您的性别_____，民族_____，年龄_____周岁，现在职业_____。

4. 你们夫妻的受教育程度最高是

①没上过学　②小学　③初中　④高中（含中专、职高）

⑤大专　⑥本科及以上

5. 您家里有_____口人，您家里现在年总收入大约是（包括奖金等所有现金收入）：_____元。

6. 您知道国家最近出台的"两为主"（以流入地区政府管理为主，以全日制公办中小学为主）政策吗？

169

①非常了解　②比较了解　③不太了解　④不了解

7. 您知道国家最近出台的"两免一补"（即对农村家庭经济困难学生接受义务教育免课本费，免杂费，补助寄宿生生活费）政策吗？

①非常了解　②比较了解　③不太了解　④不了解

8. 如果了解"两为主"或者"两免一补"政策，通过什么渠道（如果不了解就不用回答该题）？

①媒体　②教育部门、学校宣传　③亲戚朋友　④孩子说的

9. 您为孩子找学校入读到入学花了多长时间？

①一周　②两周　③三周　④一个月或一个月以上

10. 您的孩子在哪类学校上学？

①优质公办学校　②优质民办学校　③一般公办或民办学校　③对口接受打工子弟学校（学校已经获准批准成立）　④打工子弟学校（学校未获准批准成立）

11. 您为孩子选择现在这所学校的原因是（最多选三项）？

①因工作调动由国家或相关单位安排②教育局指定　③学校教育质量好　④离居住地近　⑤收费低　⑥其他，请说明＿＿＿＿＿＿＿。

12. 孩子学校分班方式为：

①电脑随机编班　②根据入学测试水平或其他成绩分班　③与学校划片区正常入学学生混合编班　④与学校划片区正常入学学生分开编班

13. 你最喜欢的分班方式为：

①电脑随机编班　②根据入学测试水平或其他成绩分班　③与学校划片区正常入学学生混合编班　④与学校划片区正常入学学生分开编班

14. 您对孩子现在就读学校学生管理及教学质量（如规章制度、教师教育方法、教学效果等）的看法如何？

①优秀　②良好　③一般　④无所谓

15. 您是否愿意让您的孩子与其他流动儿童（外来务工人员随迁子女）同班？

①愿意　②不愿意，谈谈您的看法：＿＿＿＿＿＿＿＿＿＿。

◈◈   附录   调查问卷及访谈提纲（部分）   ◈◈

16. 您是否希望您的孩子与户籍为学校所在地的本地户口子女同班？

①愿意   ②不愿意，谈谈您的看法：_____。

17. 如果您是本地常住人口，您是否愿意让您的孩子与流动儿童（外来务工人员随迁子女）同班（外来务工人员等流动人员子女家长不用回答）？

①愿意   ②不愿意，谈谈您的看法：_____。

18. 如果您的孩子现在或曾经在打工子弟学校读书，您认为打工子弟学校有哪些不足？（可以多选）

①办学条件差   ②教学质量差   ③学校气氛不好   ④周边环境差   ⑤安全隐患大   ⑥其他

19. 您觉得让孩子进入公办学校难吗？

①很难   ②比较难   ③不太难   ④不难

20. 如果您觉得孩子进公立学校难或比较难，请问有哪些困难？（可以多选）

①学杂费太高   ②入学手续太复杂   ③离家远，不方便   ④学杂费以外的其他费用太高   ⑤社会关系不如其他家长   ⑥不知道怎么联系上公立学校

21. 为孩子就读学校哪些证件难以或无法办理？（最多选三项）

①暂住证   ②原籍户口本   ③工作证明   ④身份证   ⑤计划生育证明   ⑥无人监护证明   ⑦以前学籍证明   ⑧房产证、房屋租赁合同或发票   ⑨其他，请说明_____。

22. 您的孩子因为随迁原因转过几次学？

①0次   ②1—2次   ③3—4次   ④4次以上

23. 您为孩子转学的原因是：（可以多选，无此经历可以不选）

①家长工作变动   ②以前学校拆迁   ③以前学校费用太高   ④打工子弟学校被取缔   ⑤以前学校是公立学校，孩子不适应   ⑥其他，请说明_____。

24. 如果您认为孩子在学校里没有受到公平的对待，是因为（如果您觉得孩子得到公平待遇不用回答）：

①孩子上学的费用比当地孩子高　②老师对孩子的态度与对本地孩子的态度不同　③孩子在学校受到当地孩子的歧视　④因为家庭困难学校不让孩子参加一些活动

⑤其他，请说明_____。

25. 您希望孩子能达到下列哪种文化程度？

①能识字就行　②小学毕业　③初中毕业　④高中（中专）毕业　⑤大学毕业　⑥研究生毕业　⑦其他，请说明_____。

26. 您打算孩子初中毕业后做什么？

①继续在现在就读地上普通高中　②回老家上普通高中　③在现在就读地上普通高中很难，回老家上普通高中不适应，不知怎么办　④上职业学校　⑤不读书了，在本地或其他地方打工　⑥回老家务农

27. 您认为流动儿童（外来务工人员随迁子女）相关就学（主要包括入学、在学及升学三大方面）权利可以从哪些方面加强机制保障或强化支持系统（如人员、机构、经费、社区资源等方面），请谈谈您的看法：_____。

本次调查结束了，再次向您表示感谢！祝您工作顺利，家庭幸福！

地方政府相关部门及机构领导访谈提纲

访谈目的

通过访谈，了解当地政府领导及机构部门在相关问题上所采取的措施、经验、不足、困难与建议，对解决流动儿童（外来务工人员随迁子女）相关就学（主要包括入学、在学及升学三大方面）权利提供政策环境背景材料。

访谈导语

领导：

您好！非常感谢您对我们工作的配合和支持！这次访谈旨在调查地

附录 调查问卷及访谈提纲(部分)

方政府辖区流动儿童（外来务工人员随迁子女）的教育现状以及您对该问题的意见和建议。访谈结果仅供研究使用，不作为任何形式的评价依据。所以，请您根据实际情况，放心提供您的意见和建议，并为解决流动儿童（外来务工人员随迁子女）的教育问题，也为辖区教育的蓬勃发展做出积极的贡献。再次感谢您的合作！现在，我们开始访谈。

访谈内容

1. 当地经济发展情况（重点了解个体、微型企业、公司等非公有制经济发展情况，城市化发展及规划的情况）；

2. 当地流动人员数量及所从事的主要行业及贡献情况；

3. 当地政府部门出台的关于针对流动人员管理的相关文件，最主要的文件与措施有哪些？

4. 当地政府主管部门在解决流动儿童（外来务工人员随迁子女）接受教育问题上，出台了什么文件？采取了什么措施？（支持鼓励措施、保障受教育者合理权益的措施以及学校享受公益性事业的有关政策等）

5. 当地政府主管部门与其他部门在流动儿童（外来务工人员随迁子女）教育问题上采取哪些了联动措施？取得了哪些经验？

6. 当地政府在解决流动儿童（外来务工人员随迁子女）教育问题上目前最主要的困难和问题有哪些？应该如何解决？有什么设想？

7. 解决随迁流动儿童（外来务工人员随迁子女）相关教育问题，本级政府上级部门或国家的有关文件还需做什么调整？

8. 在流动儿童（外来务工人员随迁子女）升入高一级学校的问题上，您认为存在哪些困难，有何建议，还有哪些深层次的矛盾与问题需要解决？

本次调查结束了，再次向您表示感谢！祝您不断进步，生活幸福！

访谈对象：_____省（自治区、直辖市）　　市　　区　　单位

访谈对象/职务：_____ 访谈地点：_____ 访谈时间：____年____月____日

◈◈ 就学权研究 ◈◈

学校所在地相应教育主管部门领导访谈提纲

访谈目的

通过访谈，了解当地教育主管部门在相关问题上所采取的措施、经验、不足、困难与建议，为解决流动儿童（外来务工人员随迁子女）教育问题提供政策环境背景材料。

访谈内容

领导：

您好！非常感谢您对我们工作的配合和支持！这次访谈旨在调查教育局辖区流动儿童（外来务工人员随迁子女）的教育现状以及您对该问题的意见和建议。访谈结果仅供研究使用，不作为任何形式的评价依据。所以，请您根据实际情况，放心提供您的意见和建议，并为解决流动儿童（外来务工人员随迁子女）的教育问题，也为辖区教育的蓬勃发展做出积极的贡献。再次感谢您的合作！现在，我们开始访谈。

1. 当地教育发展概况（重点了解公办、民办教育发展情况、城市教育布局调整整体情况）。

2. 当地教育经费是否充足？需要筹措的额度？在流动儿童（外来务工人员随迁子女）教育上是否有专项经费？

3. 义务教育阶段流动儿童（外来务工人员随迁子女）总量是多少？在当地就学的比例情况，公办学校接纳的比例是多少？民办学校接纳的比例是多少？打工子弟学校（合法和非法）分别接纳流动儿童（外来务工人员随迁子女）的比例是多少？

4. 对接纳流动儿童（外来务工人员随迁子女）的学校教育主管部门给予哪些条件的支持（经费、物品、人员、政策及其他支持系统）？出台了哪些关于针对流动儿童（外来务工人员随迁子女）就学的支持性文件？最主要的文件与措施是什么？您认为教育券是否能够作为流动儿童

（外来务工人员随迁子女）义务教育经费支付的一种形式并在当地实施？

5. 解决流动儿童（外来务工人员随迁子女）接受教育问题上，教育主管部门的管理措施有哪些？

6. 当地打工子弟学校的数量如何，还有多少没有批准？教育主管部门在审批、管理、规范上是如何处理的？

7. 当地教育主管部门与其他部门在流动儿童（外来务工人员随迁子女）教育问题上采取了哪些联动措施？取得了哪些经验？

8. 在解决流动儿童（外来务工人员随迁子女）教育问题上目前最主要的困难和问题有哪些？应该如何解决？有什么设想？

9. 解决流动儿童（外来务工人员随迁子女）教育问题，国家的有关文件还需做什么调整？"两免一补"政策实施后，对流动儿童（外来务工人员随迁子女）的回流有什么作用？

10. 在流动儿童（外来务工人员随迁子女）升入高一级学校的问题上，您认为存在哪些困难，有何建议，还有哪些深层次的矛盾与问题需要解决？

本次调查结束了，再次向您表示感谢！祝您不断进步，生活幸福！

访谈对象：_____省（自治区、直辖市）　　市　　区　　单位

访谈对象/职务：_____访谈地点：_____

访谈时间：____年____月____日

学校校长（教师）访谈提纲

访谈目的

通过访谈，了解当地相关学校领导教师对流动儿童（外来务工人员随迁子女）就学权利实践现状，为解决流动儿童（外来务工人员随迁子女）教育问题提供教育一线实践方面的背景材料。

就学权研究

访谈内容

校长（老师）：

您好！非常感谢您对我们工作的配合和支持！这次访谈旨在调查流动儿童（外来务工人员随迁子女）的教育现状以及您对该问题的意见和建议。访谈结果仅供研究使用，不作为任何形式的评价依据。所以，请您根据实际情况，如实地反映现状和问题，放心提供您的意见和建议，并为解决流动儿童（外来务工人员随迁子女）的教育问题，也为贵校的蓬勃发展做出积极的贡献。再次感谢您的合作！现在，我们开始访谈。

一、合法办学问题（只针对打工子弟学校相关人员）

目前有很多的流动儿童（外来务工人员随迁子女）进入城市或外省市上学，可以说，打工子弟学校的出现，在一定程度上解决了这部分学生的教育问题，深受低收入城市流动人口的欢迎。但是，据调查，大多数的打工子弟学校由于未办理合法的办学许可证而屡被政府取缔。请问：

1. 贵校办学时间有多长了？_____年
2. 是否有合法的办学许可证？①有　　②无
3. 您认为，办理许可证的困难有哪些方面，有何建议？
4. 关于有些地区取缔打工子弟学校、分流学生的做法和政策有何看法及建议？
5. 如果不能获得办学许可证的话，下一步有何打算？

二、接收的意愿

关于接受流动儿童（外来务工人员随迁子女）入学问题，国务院制定的是"两为主"的政策，即由输入地政府安置为主和公办学校接纳为主。目前看来，有些学校执行起来有很多现实的困难，也有学校正好用流动儿童（外来务工人员随迁子女）补充了生源的不足。就您所在学校的情况看，贵校是否愿意接收流动儿童（外来务工人员随迁子女）？①愿意　②不愿意，谈谈您的看法：_____。

附录　调查问卷及访谈提纲(部分)

三、准入条件问题

据我们了解,不同的城市,对流动儿童(外来务工人员随迁子女)入学设定的门槛有所不同,有的宽些,有的很严格,就咱们这里来说:

1. 准入的条件是:

①地方政府及教育行政部门制定的　　②学校自己定的　　③两者相结合的

具体的准入条件是什么?＿＿＿＿＿＿＿＿＿＿＿＿＿＿。

2. 现有的准入条件对于学校实际执行存在哪些困难,有何修改完善的建议?

3. 如果按照现有关规定流动学生无法入读学校,学校又愿意接收流动儿童(外来务工人员随迁子女),那么学校是如何操作的?

四、管理和教育教学问题

1. 中国长期的城乡分割,造成了流动儿童(外来务工人员随迁子女)和城市儿童或者学校所在地本地儿童在很多方面都存在差异。接收流动儿童(外来务工人员随迁子女)入学:(1)学校在管理和教育教学各个方面是否存在困难?(2)针对这些困难,贵校是否采取了相应的解决措施?(3)效果如何?管理和教育教学的提示点如下:学籍管理、分班、教师配备、教材、教学、校车、住宿、食堂、家校联系等。(无结构访谈,要求谈出具体的困难和措施)

	现有困难	解决办法	实施效果
学籍管理			
分班			
教师配备			
教材			
教学			
校车			
住宿			
食堂			
家校联系			
其他			

2. 在流动儿童（外来务工人员随迁子女）升入高一级学校的问题上，您认为存在哪些困难，有何建议？

五、政策看法

1. 您了解当前国家关于流动儿童（外来务工人员随迁子女）教育方面的政策吗？具体有哪些，有何看法和建议？

2. "两免一补"政策实施后，流动儿童（外来务工人员随迁子女）在城市就学的趋势是否有改变？原因是什么？

3. 近年来，学校在接收流动儿童（外来务工人员随迁子女）上学方面是否得到政府提供的支持，主要是哪些方面的？（提示点：政策、资金、师资培训、宣传、社区帮助等）

4. 目前，学校在接收进流动儿童（外来务工人员随迁子女）上学方面最需要政府提供哪些支持？

本次调查结束了，再次向您表示感谢！祝您不断进步，生活幸福！

访谈对象：_____省（自治区、直辖市）　　市　　区　　学校

访谈对象/职务：_____访谈地点：_____

访谈时间：___年___月___日

街头民众随机访谈提纲

访谈目的

通过街头等随机访谈，了解当地民众对流动儿童（外来务工人员随迁子女）就学权利相关看法，为解决流动儿童（外来务工人员随迁子女）教育问题提供社会背景材料。

访谈内容

您好！非常感谢您对我们工作的配合和支持！这次访谈旨在调查流动儿童（外来务工人员随迁子女）的教育现状以及您对该问题的意见和建议。访谈结果仅供研究使用，不作为任何形式的评价依据。所以，请您根

附录　调查问卷及访谈提纲（部分）

据实际情况，放心提供您的意见和建议，并为解决流动儿童（外来务工人员随迁子女）的教育问题，也为中国教育的发展做出积极的贡献。再次感谢您的合作！现在，我们开始访谈。

1. 如果您是本地常住人口，您是否愿意让您的孩子与流动人员子女同班（外来打工人口等流动人员子女家长不用回答）？

　　①愿意　　②不愿意，谈谈您的看法：_____。

2. 如果您是本地常住人口，您是否愿意非本辖区，尤其是外省（自治区、直辖市）户口流动人员子女在本地参加中考或高考？

　　①愿意　　②不愿意，谈谈您的看法：_____。

3. 你认为解流动儿童（外来务工人员随迁子女）相关就学（主要包括入学、学习阶段及升学三大方面）权利可以从哪些方面保障，请谈谈您的看法：_____。

本次调查结束了，再次向您表示感谢！祝您不断进步，生活幸福！

访谈对象：_____省（自治区、直辖市）　　市　　区　　街道

访谈对象/职务（对象信息自愿提供）：_____访谈地点：_____

访谈时间：___年___月___日

后　　记

作为出身"教育学"的我，虽然自己博士阶段跟随恩师张维平教授、张诗亚先生所学的研究方向是"教育法学"，但是一直认为自己的"法学"底蕴太薄。战战兢兢，薄冰在脚下，总感觉自己很"欠缺厚度与宽度"，"底气"不足。

一次偶然的机会让我结识了后来的博士后合作导师，重庆市政协科教文卫委员会委员、重庆市九三学社教育主委、重庆大学宪法与行政法学学科带头人陈伯礼教授。与陈老师初次见面，谈及自己的学术研究体悟和想继续在"法学"方面补充点"给养"的想法，竟然得到了陈老师的鼓励与支持。于是，便真正意义上的进入"法学"之门——重庆大学法学博士后流动站开始自己的"法学之旅"。"善良的心是最好的法律"，怀着某种莫名的情愫，在教育法学领域我选择了自己一直想关注的群体之"流动人员随迁子女"的"就学权"加以研究。

记得在我的博士后出站报告修订完稿之际，我深感不足，但就我一个"门外之人"而言更多的是收获与感谢！感念颇多，要感谢的老师、同门、朋友、家人等有很多，要感谢的话也有很多很多。诚挚感谢博士后合作导师陈伯礼老师的关怀、无私合作与指导，真诚感谢重庆大学人事处相关领导及博士后办公室王可莉主任、刘述老师、法学博士后流动站徐代庆老师和陈济新等老师的帮助。感谢宋宗宇老师、曾文革老师、程燎原老师等上课时允许我旁听并给予我的点拨。感谢相关学校、机构及国际友人等给予我调研的支持，感谢参加我开题及中期报告的重庆市教委原副书记、时任重庆师范大学党委书记邓卓明教授、重庆大学的曾文革老师、王本存老

后　记

师、翟翌老师等给予我的启发，同时感谢学友刘俊宜博士等与我的实诚思维之碰撞及方颖在本书调查数据统计分析时付出的劳动。当然还得感谢给予资助经费研究的重庆大学和重庆市人社局。另外，还得深深感谢我博士后出站报告答辩评审的五位专家之辛勤劳动和宝贵建议与点拨，他们是：评审主席中国当代著名法理学家程燎原教授、王本存老师、侣化强老师、贾焕银老师、翟翌老师。另外，还应感谢出版社赵丽博士等老师们为本书出版付出的大量细心严谨的辛勤劳动。最后，还得感谢我的家人给予我的坚强后盾！

博士后出站答辩期间适逢2014年12月4日，正是中国首个国家"宪法日"，带着期许与祝福，在法治社会中，我憧憬并坚信"使人民幸福就是最高的法律"！现在还记得农历秋季（初定稿期间）的重庆大学风景很美，阳历冬季的重庆大学风光无限！带着收获与感动，我行我珍惜！博士后出站已近5年，由于客观原因，书中有的材料可能不是最新，国家就学权利保障现状越来越好，本人只是出于尊重当时出站报告主体原貌实际而未刻意更改；加之由于本人学识水平所限，书中相关内容及学理探究等存在很多不足，恳请读者、同行及专家们批评指正。

书稿付梓喜逢中华人民共和国成立70周年大庆时节。让我们高举习近平新时代中国特色社会主义思想旗帜，不忘初心，牢记使命，在为中国人民谋幸福、为中华民族谋复兴的伟大中国梦征程中贡献自己的绵薄之力。一路行来，但愿拙作《就学权研究》对相关中国之治视域下教育治理工作实践有些许参考，相关内容有些许开创，对同行及读者有些许启示，对教育法学学理建构及学科建设有些许贡献！

向帮华

2014年12月8日于重庆大学民主湖畔

2019年10月1日修订于重庆市江北区宏字轩